Aidan Goggins
Glen Matten

Die Sirtuin-Diät
Das Kochbuch

Über 100 leichte Rezepte
für einen schlanken Körper

Aus dem Englischen
von Gaby van Dam

W0236068

GOLDMANN

Alle Ratschläge in diesem Buch wurden von den Autoren und vom
Verlag sorgfältig erwogen und geprüft. Eine Garantie kann dennoch
nicht übernommen werden. Eine Haftung des Autors beziehungsweise
des Verlags und seiner Beauftragten für Personen-, Sach- und
Vermögensschäden ist daher ausgeschlossen.

Sollte diese Publikation Links auf Webseiten Dritter enthalten,
so übernehmen wir für deren Inhalte keine Haftung,
da wir uns diese nicht zu eigen machen, sondern lediglich auf
deren Stand zum Zeitpunkt der Erstveröffentlichung verweisen.

Verlagsgruppe Random House FSC® N001967

Dieses Buch ist auch als E-Book erhältlich.

2. Auflage
Deutsche Erstausgabe August 2017
Wilhelm Goldmann Verlag, München,
in der Verlagsgruppe Random House GmbH
Copyright: © 2017 der deutschsprachigen Ausgabe:
Wilhelm Goldmann Verlag, München,
in der Verlagsgruppe Random House GmbH,
Neumarkter Straße 28, 81673 München
Copyright: © 2016 der Originalausgabe: Aidan Goggins und Glen Matten
Originaltitel: The Sirtfood Diet Recipe Book
Originalverlag: Yellow Kite, an imprint of Hodder & Stoughton,
an Hachette UK company
Umschlag: UNO Werbeagentur, München
Umschlagmotiv: FinePic®, München
Redaktion: Ruth Wiebusch
Satz: Uhl + Massopust, Aalen
Druck und Bindung: GGP Media GmbH, Pößneck
JE · Herstellung: cb
Printed in Germany
ISBN 978-3-442-17679-3
www.goldmann-verlag.de

Besuchen Sie den Goldmann Verlag im Netz:

Inhalt

Die Leidenschaft des Spitzenkochs **Mark McCulloch**
gilt seit 25 Jahren der Kreation gesunder Speisen,
ohne dabei geschmackliche Kompromisse einzugehen.
Ihm haben wir bereits die Rezepte der Original-
Sirtuin-Diät zu verdanken.

Einleitung

Als wir vor einiger Zeit anfingen, uns damit auseinanderzusetzen, inwieweit sich unsere heutigen Gesundheitsprobleme mittels natürlich vorkommender pflanzlicher Substanzen lindern lassen könnten, ahnten wir nicht, auf welch bahnbrechende Erkenntnisse wir dabei stoßen sollten – vor allem in den Bereichen Abnehmen und Gesunderhaltung.

Als seriöse Ernährungswissenschaftler sind wir für unsere ablehnende Haltung gegenüber Schlankheitsdiäten bekannt. Wir waren also die Letzten, von denen man die Begründung eines Ernährungsphänomens erwarten würde, das zu landesweiten Engpässen an bestimmten Lebensmitteln in britischen Supermärkten führen würde.

Wenn wir auf den Riesenerfolg der Sirtuin-Diät zurückblicken, so glauben wir, dass es gerade an dieser skeptischen Haltung liegt, dass die Leser unsere Ideen derart begeistert aufgenommen haben. Immerhin haben wir als Erste darauf hingewiesen, dass nachweislich 99 Prozent aller Diäthaltenden daran scheitern, ihr Gewicht auch langfristig zu reduzieren – ja, die Mehrheit wiegt letzten Endes sogar mehr als vor der Diät. So sehr wir auch an Diäten glauben wollen, tief in uns wissen wir, dass es sich dabei nur um leere Versprechungen handelt.

Mit der *Sirtuin-Diät* haben wir etwas völlig anderes, noch nie Dagewesenes, geschaffen. Als viel beschäftigte Mediziner, die gemeinsam auf etwa 25 Jahre Patienten-Erfahrung zurückblicken, hat uns eines immer schon fasziniert: Gesundes Gewicht und lang anhaltendes Wohlbefinden lassen sich unserer Beobachtung nach nur durch Speisen und Nährstoffe erreichen, die der Körper benötigt, und nicht durch ihren Entzug. Wenn es uns also gelänge, wichtige Nährstoffe über leckeres Essen und Getränke zuzuführen, sodass Freude und Genuss wieder in den Mittelpunkt unserer Mahlzeiten rücken, befänden wir uns wirklich auf dem Weg zu etwas ganz Großem; zu etwas, das unsere Einstellung zum Essen nachhaltig verbessern würde. Und das ist auch schon die eigentliche Essenz dieses Buches.

Unsere Denkweise verändern

Alles, was sich auch nur ansatzweise verändernd auf unsere Einstellung zu und den Umgang mit Ernährung auswirkt, stößt anfangs unweigerlich auf Widerstand. Wir haben diese Erfahrung bereits bei unserem ersten Buch, *The Health Delusion* gemacht, in dem wir scho-

nungslos die Schwachstellen der Diät- und Nahrungs-
ergänzungsmittelindustrie angeprangert und all das zu-
sammengefasst haben, was nach unserem Dafürhalten
tatsächlich funktioniert. Nachdem wir zunächst harsche
Kritik von allen mit gewissem Eigeninteresse einstecken
mussten, verstummten diese Gegenstimmen bald, da
sämtliche relevanten, größeren Ernährungsstudien, die
in der Folgezeit veröffentlicht wurden, unsere Thesen
untermauerten.

Angesichts dieser überwältigenden Beweislage hat
das Buch in der Industrie wie auch unter Kritikern
breite Anerkennung gefunden und wurde unter anderem als bester Gesundheitsratgeber des Jahres ausge-
zeichnet; mittlerweile gehören einige unserer anfänglich
vehementesten Kritiker zu unseren stärksten Unterstüt-
zern. Mit unserem zweiten Buch, der *Sirtuin-Diät,* ver-
hält es sich keineswegs anders. Wir stellen darin die
kühne Behauptung auf, dass wir zwar in der Tat mehr
pflanzliche Nahrungsmittel essen sollten, diese aber,
wenn es darum geht, abzunehmen oder das Wohlergehen zu fördern, keineswegs gleichwertig sind.

Eine radikale These, die in Widerspruch zu den Dog-
men unserer Zeit steht. Es genügt nicht länger, die oft
zitierten fünf Portionen Obst und Gemüse täglich zu
essen, um sich ausgewogen zu ernähren. Wir brauchen
uns nur umzusehen, um zu erkennen, wie wenig diese
Empfehlung gebracht hat. In der Tat wissen wir heute
sogar, dass einige Lebensmittel, vor denen uns einige

angebliche Gesundheitsexperten gewarnt haben, wie etwa Schokolade, Kaffee oder Tee, die meisten Obst- und Gemüsesorten in ihrer gesunden Wirkung noch übertreffen. Die *Sirtuin-Diät* hat die Standardempfehlungen für den Verzehr von Obst und Gemüse revolutioniert und uns gelehrt, über den Gehalt an Vitaminen, Mineralien sowie Antioxidantien hinauszublicken. Stattdessen ist es vielmehr der Gehalt sirtuinaktivierender Nährstoffe, der die gesunde Wirkung pflanzlicher Nahrungsmittel größtenteils bestimmt – so unsere durchaus provokante These.

Wer die vorherrschende Denkweise infrage stellt, ruft natürlich jene Personen auf den Plan, die ein genuines Interesse an der Aufrechterhaltung des Status quo haben. Wir waren daher hocherfreut, als innerhalb eines Monats nach Veröffentlichung des englischen Originals der *Sirtuin-Diät* ein Beitrag* im angesehenen *British Medical Journal* erschien. Es ging dabei um eine Studie der Harvard University, die unsere Thesen voll und ganz unterstützt. Wissenschaftler hatten mehr als 24 Jahre lang die Essgewohnheiten und dabei insbesondere den Konsum pflanzlicher Nahrungsmittel von über 124 000 US-Bürgern untersucht. Wie sich herausstellte, waren es nur bestimmte Pflanzen, die einem gesunden Körpergewicht förderlich waren, nämlich solche

---

* Bertoia, M.L. et. al., »Dietary flavonoid intake and weight maintenance: Three prospective cohorts of 124086 US men and women followed for up to 24 years«, BMJ 324:i17 (2016)

mit einem hohen Gehalt an natürlichen Pflanzenchemikalien, genannt Polyphenole. Andere Obst- und Gemüsesorten, die diese speziellen Polyphenole nicht in
nennenswerten Mengen aufwiesen, vermochten das Gewicht nicht positiv zu beeinflussen. Es überrascht daher kaum, dass es sich bei den genannten Phenolen um
eben jene handelt, die auch in Sirtfoods enthalten sind.
Willkommen bei der Revolution!

Wie »Sirt« und »Food« zusammenfanden

Seit Jahren wissen wir, dass wir durch den vermehrten
Konsum pflanzlicher Kost Krankheiten einzudämmen
vermögen, wenn wir uns auch nicht so recht erklären
konnten, warum. Mit unserem Hintergrund in Ernäh-
rungsmedizin und -pharmazie war uns klar, dass es die
wirkungsvollen Bestandteile bestimmter Pflanzen sind,
die die Basis zahlreicher besonders effektiver Medikamente zur Behandlung schwerwiegender Leiden wie
zum Beispiel Herzerkrankungen, Diabetes oder auch
Krebs formen. Wir wussten also, welch mächtige Wirkung Pflanzen haben können. Doch erst 2013 fingen
wir an, der Sache ernsthaft auf den Grund zu gehen.
Als nämlich eine alles verändernde Studie über die mediterrane Ernährung, die Predimed-Studie, veröffentlicht wurde. Man hatte dabei knapp 7400 Hochrisiko-
patienten für Herz-Kreislauf-Erkrankungen behandelt,

13

und zwar mit derart guten Ergebnissen, dass die Studie vorzeitig, nach nur knapp fünf Jahren, abgebrochen wurde. Die Prämisse der Predimed-Studie war simpel. Im Zentrum stand schlicht und ergreifend die Frage, worin sich eine mediterrane Ernährungsform mit einem Plus an extranativem Olivenöl oder Walnüssen von einer konventionelleren, heutzutage üblichen Ernährung unterscheidet. Wie sich herausstellte, waren die Unterschiede enorm! Durch die Ernährungsumstellung verringerte sich die Rate an Herz-Kreislauf-Erkrankungen um satte 30 Prozent, ein Ergebnis, von dem pharmazeutische Unternehmen nur träumen können. Obendrein haben Nachfolgestudien gezeigt, dass auch die Diabetesrate um 30 Prozent zurückging, neben einer signifikanten Verringerung von Entzündungskrankheiten, einer verbesserten Gedächtnisleistung und Hirngesundheit sowie einem um 40 Prozent verringerten Adipositasrisiko.

Allerdings waren die Wissenschaftler nicht in der Lage zu erklären, was eigentlich zu diesen drastischen Verbesserungen geführt hatte.

Es gab zwischen den Gruppen weder signifikante Unterschiede beim Kalorienkonsum noch bei der verzehrten Menge Fett beziehungsweise Zucker – die typischen Werte zur qualitativen Beurteilung unserer Speisen. Es musste etwas anderes dahinterstecken.

Dann kam unser Aha-Moment. Unabhängig von

unseren Überlegungen hatte sich die Welt der Sirtuine zu einem völlig neuen und aufregenden Forschungsgebiet entwickelt. Bei den Sirtuinen, auch »Schlankheitsgene« genannt, handelt es sich genau genommen um eine Gruppe bestimmter körpereigener Enzyme, deren Stimulierung eine Art Recyclingprozess in unseren Zellen in Gang setzt, der Zellrückstände und andere Ablagerungen beseitigt; diese können sich mit der Zeit anhäufen und zu gesundheitlichen Problemen und Vitalitätsverlust führen. Zum Antrieb dieses Recyclingprozesses verwendet der Körper unsere Fettzellen. Mit dem Ergebnis, dass die Aktivierung unserer Sirtuine sich nicht nur positiv auf das Wohlbefinden auswirkt, sondern darüber hinaus die Widerstandskräfte steigert und ganz nebenbei auch noch bedeutende Mengen Fett verbrannt werden. Bildlich gesprochen wird so die heilige Dreieinigkeit der Gesundheit angestoßen.

Wir kennen seit Langem zwei Wege, um die Sirtuine zu aktivieren: Fasten und Sport, doch beides ist mit Nachteilen verbunden. Beim Fasten enthalten wir dem Körper Nahrung vor, dieser sendet folglich Alarmsignale aus, die wiederum zu Hungergefühlen und verstärkter Reizbarkeit führen. Zudem leiden wir unter Müdigkeit und verlieren aufgrund der verringerten Energiezufuhr an Muskelmasse. Zweifellos ist moderate sportliche Betätigung äußerst vorteilhaft; um effektiv abzunehmen, bedarf es jedoch eines deutlich umfangreicheren Trainingspensums. Dieses Pensum überfordert die meisten und ist, wie Studien zeigen, sogar ungesund, sodass fraglich erscheint, ob das wirklich die einzige von der Natur vorgesehene Methode zur Anregung der Sirtuine sein soll.

Dann kam es schließlich zur Entdeckung eines dritten Wegs zur Sirtuinstimulierung: über die Nahrung. Und das sollte die Diäten- und Ernährungslandschaft für immer verändern.

Sirtfoods in aller Munde

Im Auftrag der Pharmaindustrie, die sich erhoffte, damit endlich eine vermarkungsfähige Wunderpille zu entwickeln, wurde ebenfalls zu den Sirtuinen geforscht; Ziel war es, patentierbare Substanzen zu entdecken, die in der Lage sind, die Sirtuine zu aktivieren. Wie auch sonst bei der Entwicklung neuer Medikamente üblich, suchte »Big Pharma« zu diesem Zweck in der Pflanzenwelt nach Inspiration. Dabei machten die Forscher eine bemerkenswerte Entdeckung: Sie fanden heraus, dass es natürlich vorkommende Nährstoffe in Pflanzen sind – eine Untergruppe der sogenannten Polyphenole –, die die begehrenswerte Fähigkeit haben, Sirtuine zu aktivieren, so wie beim Fasten oder Sport. Wir bezeichnen alle Nahrungsmittel mit beträchtlichem Anteil dieser sirtuinaktivierenden Stoffe als »Sirtfoods«. Ihre Entdeckung hat den Blick auf unsere Ernährung völlig verändert.

Bei näherer Betrachtung der Predimed-Studie wurde uns klar, dass sowohl Olivenöl extra vergine als auch Walnüsse (beides wesentliche Bestandteile der mediterranen Kost) sich durch einen beachtlichen Gehalt an sirtuinaktivierenden Nährstoffen auszeichnen. Im Grunde war das, was die Forscher unwissentlich zusammengestellt hatten, nichts anderes als eine sirtfoodreiche Ernährung. Endlich hatten wir die Erklärung für die überwältigenden Vorzüge dieser Ernährungsform, die diese Studie ans Licht gebracht hat. Allerdings sollten wir bald erkennen, dass dies kein Alleinstellungsmerkmal dieser beiden für den Mittelmeerraum typischen Lebensmittel war. Es gibt bestimmte Regionen auf der Welt, genannt die »Blauen Zonen«, wo die Menschen nicht nur länger leben als Bewohner von Ländern mit typisch westlicher Ernährung – sie bleiben noch dazu bis ins hohe Alter schlank und jugendlich vital.

Sirtfoods liefern eine Erklärung für dieses Phänomen. Ob es sich nun um den Verzehr von Kakao in rauen Mengen auf den Panama-Inseln handelt, den tagtäglichen Genuss von grünem Tee und Soja im südlichen Japan oder aber um die großzügige Verwendung von Gewürzen, die synonym für die indische Küche stehen: Bei den traditionell vorherrschenden Speisen dieser Regionen handelt es sich allesamt um Sirtfoods.

Mittlerweile hatten wir 20 solcher Lebensmittel mit besonders hohem Gehalt sirtuinaktivierender Polyphenole ausgemacht. Wir fragten uns deshalb: Was, wenn

wir eine spezielle Diät kreieren, die vor allem aus großen Mengen Sirtfoods besteht? Und diese Kost obendrein noch mit einer moderaten Fastenkur kombinieren, um die Sirtuinaktivierung in der Anfangsphase
noch zu verstärken? Wir testeten die Diät an 40 Probanden in einem privaten Fitnessstudio in London. Und
dieser Testlauf, wie man so schön sagt, ist Geschichte...

Lassen Sie sich mitreißen!

Die Teilnehmer unserer Ausgangsstudie verzeichneten
beeindruckende Erfolge bei der Gewichtsreduktion,
ohne dabei jedoch an Muskelmasse einzubüßen – bei
manchen nahm sie sogar zu. Überraschend war, dass
sie laut ihren eigenen Aussagen kaum von Hungergefühlen geplagt wurden. Das ließ sich, wie wir heraus-
fanden, auf die einzigartige Wirkung der Sirtfoods bei
der Appetitregulierung zurückführen. Im Durchschnitt
betrug der muskelzuwachsbereinigte Gewichtsverlust
nach sieben Tagen 3,2 Kilogramm. Wir erhielten geradezu enthusiastische Rückmeldungen. Manche brach-
ten sich für ihre Hochzeit in Topform; die Ehefrau eines
Studienteilnehmers kontaktierte uns eigens, um sich
für die Verwandlung ihres Mannes zu bedanken, der
nun »richtig zum Anbeißen« aussehe! Die Ergebnisse
der Studie begeisterten uns dermaßen, dass wir anfingen, dieselben Prinzipien auf Spitzensportler, Models

und Promis aus unserem Patientenkreis anzuwenden; bei allen stehen Abnehmen sowie die Verbesserung der Körperzusammensetzung bei gleichzeitig fantastischem Wohlgefühl ganz weit oben auf der Prioritätenliste. Die Ergebnisse, die sich bei ihnen zeigten, waren nicht weniger verblüffend.

Nachdem die *Sirtfood Diet/Sirtuin-Diät* veröffentlicht worden war, erreichten uns immer mehr euphorische Zuschriften von Lesern, die erfolgreich ihr Gewicht reduziert hatten. Manche verloren bis zu fünf Kilogramm in der ersten Woche oder zwölf Kilogramm im ersten Monat. Während das für sich genommen bereits großartig ist, gab es noch etwas anderes, das uns vielleicht sogar noch mehr begeisterte: Es waren die persönlichen Geschichten jenseits der Körperoptimierung, in denen es um einschneidende, lebensverändernde Erfahrungen ging. Wie die von Laurenne, die beim Kampf gegen Brustkrebs unter den Nebenwirkungen der Chemotherapie litt, die ihr Gewicht in die Höhe schießen ließ und sie völlig ihrer Vitalität beraubte. Die Sirtuin-Diät half ihr, neun Kilo in den ersten sechs Wochen zu verlieren, doch was das Beste war: Sie fand dabei neuen Lebensmut. »Es war großartig«, so Laurenne. »Die Veränderungen waren fantastisch! Ich fühle mich deutlich aktiver, voller Energie – und es kommt mir gar nicht wie eine Diät vor, weil wir unsere Essgewohnheiten ein für alle Mal umgestellt haben.«

Oder die Geschichte von Robert, der viereinhalb Kilo

in nur zwei Wochen verlor, der sich jedoch noch viel mehr über die drastischen Verbesserungen seines mentalen Wohlbefindens gefreut hat. Wie er selbst sagte, stand er nun endlich wieder auf der Sonnenseite des Lebens. Seit damals haben uns unzählige Erfahrungsberichte von Lesern erreicht, angefangen bei der Beseitigung von Wechseljahresbeschwerden bis hin zur Linderung von Autoimmunerkrankungen; sogar der schnelle Rückgang einer Scleraverfärbung (der weißen Augenhaut) wurde von einem Leser auf die befolgte Sirtuin-Diät zurückgeführt.

Es sind diese viele Geschichten, die uns dazu angeregt haben, ein Kochbuch zu verfassen. Damit möchten wir unsere Botschaft noch weiter in die Welt hinaustragen – dass nämlich unsere Ernährung sowohl Genuss bereiten als auch von lebensverändernder Wirkung sein kann.

Werden Sie zum Sirtfoodianer

Wir freuen uns sehr über den großen Anklang, den das Kapitel mit den Rezepten in *Die Sirtuin-Diät* bei unseren Lesern gefunden hat, und wir waren noch mehr erfreut zu sehen, dass sie die Sirtfoodprinzipien angewendet haben, um eigene kulinarische Meisterwerke zu kreieren. Genau das hat uns dazu beflügelt, eine noch größere Bandbreite an Rezepten zu entwickeln, die nun mit diesem Buch vorliegt. Finden Sie nicht auch, dass die Freude am Essen Grundvoraussetzung ist, um das Leben in vollen Zügen zu genießen? Wer will sich schon von strengen Regeln für den Rest seines Lebens das letzte bisschen Genuss am Essen nehmen lassen? Wir nicht, und auch Ihnen möchten wir das ersparen.

Bei der Sirtuin-Diät geht es darum, durch die Auswahl der Nahrungsmittel gesünder und schlanker zu werden. Nach unserem Credo zählt vor allem das, was man sich auf den Teller lädt, und nicht das, worauf man verzichtet. Und unter dieser Prämisse laden wir Sie dazu ein, sich dem munteren Kreis der Sirtfood-Anhänger anzuschließen, die mit Begeisterung jede Menge Sirtfoodköstlichkeiten verspeisen, anstatt all dem hinterherzutrauern, was sie nicht mehr essen sollen, oder die kulinarisch »sündigen«. Genuss wird in der Sirtuin-Diät großgeschrieben. Uns steht eine derartige Vielfalt an leckersten Sirtfoods zur Verfügung, sodass jede Mahlzeit fast schon garantiert zu einem Fest für die Geschmackssinne wird. Mit Gaumenfreuden wie würzigen Currys, feurigen Chilis, aromatischer dunkler Schokolade, lukullischen Erdbeeren und einer ganzen Palette frischem Gemüse und Kräutern gibt es kaum noch Anlass für Beschwerden. Und haben wir eigentlich schon Kaffee und Rotwein erwähnt?

Für diejenigen, die von den Rezepten in der *Sirtuin-Diät* begeistert waren, gibt es nun jede Menge neuer Genüsse. Das sorgt dafür, dass diese Form der Ernährung auch mit der Zeit nichts von ihrem Reiz einbüßt. An alle, die bisher noch keine Erfahrungen mit Sirtfoods gesammelt haben: Steigen Sie ein, halten Sie sich gut fest und seien Sie gefasst auf eine Entladung überwältigender Aromen.

Wie sich die Sirtuin-Diät zusammensetzt

PFLANZLICHE KOST

Egal ob jemand Vegetarier ist oder nicht, pflanzliche Kost bildet in jedem Fall die Grundlage der Sirtuin-Diät. An dieser Stelle möchten wir erklären, warum das so ist; denn jedes einzelne der Top 20 Sirtfoods ist ein pflanzliches Lebensmittel, und das mit gutem Grund.

Über Jahrmillionen der Evolution haben Pflanzen ein überaus ausgeklügeltes Stressreaktionssystem ausgebildet, mit dem sie sich an ihre Umwelt angepasst haben, um zu überleben. Dessen Kernstück ist ein mächtiges Arsenal an pflanzlichen Stoffen, Polyphenole genannt, die sie zu ihrem Schutz entwickelt haben. Wenn wir diese Pflanzen nun essen, nehmen wir auch die Polyphenole mit auf. Und wie wir heute wissen, ist eine ganz bestimmte Gruppe dieser pflanzlichen Antistresschemikalien in der Lage, unsere Sirtuine zu aktivieren. Die Idee, uns diesen Stressreaktionsmechanismus der Pflanzen zunutze zu machen, ist revolutionär. Bekannt ist sie unter dem Namen Xenohormese, und sie bildet den eigentlichen Mittelpunkt der Sirtuin-Diät.

Weisen Speisen einen besonders hohen Gehalt dieser sirtuinaktivierenden Polyphenole auf, werden sie Sirtfoods genannt. Wir haben bereits von den 20 Top-Sirtfoods gesprochen, die die Basis der Sirtuin-Diät bilden und daher zu den am häufigsten verwendeten Zutaten in unseren Rezepten gehören. Auf den Seiten 29 und 30 finden Sie alle 20 komplett aufgelistet. Doch die Sirtuinaktivierung funktioniert natürlich nicht nach dem Alles-oder-nichts-Prinzip. Zahlreiche andere Nahrungsmittel enthalten signifikante Mengen sirtuinstimulierender Nährstoffe, wenngleich in geringerem Umfang als die Top 20. Wir sind große Verfechter einer abwechslungsreichen und ausgewogenen Kost, schließlich ist es uns ein Anliegen, dass Sie sich ein Leben lang sirtfoodreich ernähren. Aus diesem Grund haben wir noch weitere 40 Lebensmittel mit bedeutendem Gehalt an sirtuinaktivierenden Nährstoffen ausgemacht, die ebenfalls Bestandteil zahlreicher Rezepte dieses Buches sind. Sie finden die Liste auf den Seiten 30 bis 32.

Während die Pharmaindustrie immer noch versucht, einzelne pflanzliche Substanzen zu isolieren, um sie in synthetisierter Form als medizinisches Wundermittel auf den Markt zu bringen, vertreten wir einen anderen Ansatz. Wir wissen, dass es sich bei Sirtfoods um komplexe Nahrungsmittel handelt, die synergetisch zusammenwirken. Mit einer Ernährung, die zu einem Großteil aus einer Kombination verschiedener Sirtfoods besteht, lassen sich bessere Ergebnisse erzielen als mit jedem beliebigen Mittel, das die Pharmaindustrie jemals patentieren kann.

PROTEINE

Die Wirkung der Sirtuin-Diät beruht also hauptsächlich auf den pflanzlichen Komponenten. Doch auch Eiweiße sind wichtig, insbesondere ein bestimmter Proteinbaustein, das Leucin, das dazu beiträgt, die positive Wirkung der Sirtfoods auf unseren Körper zu verstärken. Deshalb bestehen unsere Rezepte nicht nur zu einem hohen Anteil aus Sirtfoods, sondern eben auch aus proteinreichen Lebensmitteln.

Sie dürfen dabei selbst entscheiden, woher die Proteine stammen. Ob Sie nun ein ausgesprochener Fleischliebhaber sind, ein Pescetarier, ein Veganer oder, so wie wir, es lieben, alles kunterbunt nach Lust und Laune zu kombinieren – in unseren Rezeptangeboten werden Sie auf jeden Fall fündig.

FETTE

Die gute Nachricht: Wir reiten nicht auf der »Fettarm-Welle« mit. Fette kümmern uns überhaupt nicht, und auch Sie brauchen sich keine Gedanken darum zu machen. In der Tat sind ein paar der wirkungsvollsten Sirtfoods, wie zum Beispiel Olivenöl extra vergine oder Walnüsse, zum Bersten voll mit Fett und dabei gleichzeitig unglaublich gesund. Was wirklich zählt, ist ihre Fülle an sirtuinaktivierenden Substanzen, nicht ihr Fettgehalt.

Lassen Sie sich durch die Rezepte in diesem Buch ein für alle Mal von der Fettphobie befreien. Manche enthalten viel Fett, andere wiederum wenig, doch das ist nicht wichtig – sie alle sind reich an Sirtfoods, darauf kommt es an.

Eine Fettart möchten wir Ihnen in unseren Rezepten besonders ans Herz legen: die Omega-3-Fettsäuren, wie sie vor allem in Fisch enthalten sind. Über ihre zahlreichen gesundheitsfördernden Eigenschaften hinaus scheinen sie zudem die Arbeitsweise der Sirtuine positiv zu beeinflussen, was sie zu einer mehr als wertvollen Ergänzung macht.

Wie dieses Buch anzuwenden ist

PHASE 1: KICK-OFF

Die Rezepte in diesem Buch folgen dem bewährten Schema aus der *Sirtuin-Diät*. Das bedeutet, am Anfang steht Phase 1, die wir auch die »hypererfolgreiche« Phase nennen, unsere klinisch bewährte Methode, um durchschnittlich 3,2 Kilogramm innerhalb von sieben Tagen abzunehmen. Allerdings steht Ihnen jetzt eine erheblich größere Auswahl an Rezepten zur Verfügung. Sie folgen derselben Schritt-für-Schritt-Anleitung für optimalen Erfolg, genießen jedoch hinsichtlich der Rezepte größte Flexibilität. Suchen Sie sich einfach aus, was für diese Phase am besten zu Ihnen, Ihren geschmacklichen Vorlieben und Ihrem Lebensstil passt. Das Ganze funktioniert nach einer Art kulinarischem Baukastenprinzip: Fleisch, Fisch, vegetarisch, schnell, zeitaufwendig, glutenfrei – Sie entscheiden. Ein großer Vorteil dieses flexiblen Systems: Sollten Sie diese Phase irgendwann einmal wiederholen, um abzunehmen oder um das Wohlbefinden zu steigern, können Sie dieselben großartigen Ergebnisse bei einer völlig anderen Rezeptauswahl erzielen. Haben Sie bestimmte Lieblingsgerichte, dann behalten Sie diese einfach bei.

Selbstverständlich sind Sie nicht verpflichtet, sich an Phase 1 zu halten. Viele unserer Leser werden diese bereits erfolgreich hinter sich gebracht haben und ernten jetzt die Vorteile einer vorwiegend aus Sirtfoods bestehenden Kost, die nun zu einem festen Bestandteil ihrer normalen Essgewohnheiten geworden sind. Das heißt aber nicht, dass Sie auf die leckeren Phase-1-Rezepte verzichten müssen. Betrachten Sie die über 100 Rezepte in diesem Buch als eine Art Erweiterung Ihrer derzeitigen Sirtfood-Rezeptsammlung, die dazu beiträgt, sich ein Leben lang mit Genuss sirtfoodreich zu ernähren.

Die Rezepte in der zweiten Hälfte sind darauf ausgerichtet, die in Phase 1 erzielten Ergebnisse sowohl aufrechtzuerhalten als auch darauf aufzubauen. Der Schwerpunkt verlagert sich auf eine ausgewogenere Form der Ernährung, die Ihnen nicht nur hilft, ein gesundes Gewicht zu erreichen und beizubehalten, sondern Ihnen lebenslang gesundheitliche Vorteile bringt. Im Zentrum stehen wie gehabt die Top 20 der Sirtfoods, allerdings erweitern wir den kulinarischen Horizont, indem wir eine Vielzahl an Nahrungsmitteln mit hinzunehmen, die ebenfalls über beträchtliche Sirtfoodeigenschaften verfügen. So lässt sich das Konzept besser durchhalten, was wiederum der Figur und der Gesundheit zugutekommt. Bei all den Rezepten – sei es für das Frühstück, das Mittagessen, Snacks, das Abendessen und sogar einigen Süßspeisen – geht es darum, den sirtfoodbasierten Ernährungsstil Ihrer Lebensweise anzupassen und nicht umgekehrt.

SCHNELL UND EINFACH ODER STILVOLL GEDIEGEN

Will man sich beständig gesund ernähren, ist eine der größten Herausforderungen die Zeit oder, um genau zu sein, der Mangel daran. Als entsetzlich viel beschäftigte Mediziner wissen wir, wie schwierig es sein kann, tagein, tagaus für gesunde Gerichte zu sorgen. Kommen dann noch Kinder, Sport und soziales Leben dazu, löst sich die beste Planung ganz schnell in Luft auf.

Gleichzeitig toben sich viele Leute gern in der Küche

aus, vor allem dann, wenn es die Zeit zulässt oder wenn sie an einem Abend mit Freunden etwas ganz Besonderes auftischen wollen. Wir haben deshalb mit einer großen Bandbreite an Rezepten dafür gesorgt, dass sämtliche Eventualitäten abgedeckt sind. Ob Sie nun ein kulinarisches Greenhorn sind oder ein aufstrebender Meisterkoch, wir haben genau das Richtige für Sie. Daneben bieten wir viele schnell und einfach zu kochenden Gerichte, falls gerade Eile geboten ist. Damit wird es selbst für die besonders Gestressten machbar, sich gesund und sirtfoodreich zu ernähren. Auf jeden Fall sind sie allesamt äußerst lecker.

WAS SIE ERWARTEN KÖNNEN

Wenn Sie den Prinzipien der Sirtuin-Diät folgen, kommen Sie nicht nur in den Genuss köstlicher Speisen, Sie können auch von Folgendem ausgehen:

- ☑ Gewicht in Form von Fett zu verlieren – nicht aber Muskelmasse
- ☑ Langfristig und dauerhaft effektiv abzunehmen
- ☑ Mehr Energie zu haben, besser auszusehen und sich dementsprechend besser zu fühlen
- ☑ Angenehm satt und zufrieden zu sein
- ☑ Das Risiko, chronisch zu erkranken, drastisch zu mindern
- ☑ Lange und gesund zu leben

Gehen Sie mit uns den Weg über die Ernährung zur schon immer ersehnten Traumfigur – einen köstlichen Happen nach dem anderen.

Die Top 20 der Sirtfoods

	Sirtfood	Hauptbestandteile, die Sirtuine aktivieren
1	Bird Eye Chilis	Luteolin, Myricetin
2	Buchweizen	Rutin
3	Kapern	Kaempferol, Quercetin
4	Sellerie, einschließlich der Blätter	Apigenin, Luteolin
5	Kakao	Epicatechin
6	Kaffee	Kaffeesäure, Chlorogensäure
7	Olivenöl extra vergine	Oleuropein, Hydroxytyrosol
8	Grüner Tee (insbesondere Matcha-Grüntee)	Epigallocatechingallat (EGCG)
9	Grünkohl	Kaempferol, Quercetin
10	Liebstöckel	Hydroxytyrosol
11	Medjool-Datteln	Gallussäure, Kaffeesäure
12	Petersilie	Apigenin, Myricetin
13	Roter Chicorée	Luteolin
14	Rote Zwiebeln	Quercetin

15	Rotwein	Resveratrol, Piceatannol
16	Rucola	Quercetin, Kaempferol
17	Soja	Daidzein, Formononetin
18	Erdbeeren	Fisetin
19	Kurkuma	Curcumin
20	Walnüsse	Gallussäure

40 weitere Nahrungsmittel mit Sirtfoodeigenschaften

Gemüse
- Artischocken
- Brokkoli
- Brunnenkresse
- Endiviensalat
- gelber Chicorée
- grüne Bohnen
- Pak Choi
- Schalotten
- Spargel
- weiße Zwiebeln

Obst
- Äpfel
- blaue Pflaumen

- blaue Trauben
- Brombeeren
- Gojibeeren
- Himbeeren
- Kumquats
- schwarze Johannisbeeren

Nüsse und Saaten
- Chia-Samen
- Erdnüsse
- Esskastanien
- Pekannüsse
- Pistazien
- Sonnenblumenkerne

Getreide und Pseudogetreide
- Popcorn
- Quinoa
- Vollkornmehl

Bohnen
- Ackerbohnen (Saubohnen)
- weiße Bohnen (z. B. Cannellini oder Haricot)

Kräuter und Gewürze
- Dill (frisch oder getrocknet)
- getrockneter Oregano
- getrockneter Salbei

- gewöhnliche Chilis
- Ingwer
- Pfefferminze (frisch oder getrocknet)
- Schnittlauch
- Thymian (frisch oder getrocknet)

Getränke
- Schwarztee
- weißer Tee

1
Sirtfoods –
was wissenschaftlich dahintersteckt:
eine Zusammenfassung

Uns ist klar, dass allzu Wissenschaftliches nicht jedermanns Sache ist. Wenn Sie darauf brennen, sich schnellstmöglich zum Sirtuin-Diätplan und den Rezepten vorzuarbeiten, können Sie sich dieses Kapitel auch ein andermal vornehmen. Wenn Sie jedoch, so wie wir, immer gerne wissen wollen, warum und wie etwas funktioniert, sollten Sie weiterlesen, denn in diesem Abschnitt servieren wir Ihnen eine gesunde Portion Sirtfood-Wissen.

Eine Sache, in der sich die Sirtuin-Diät grundlegend von allen anderen unterscheidet, ist, dass hier die Speisen im Mittelpunkt stehen, die man in seine Ernährung *integrieren* soll, und nicht die, die *tabu* sind. Uns wird heutzutage andauernd erzählt, was alles angeblich ungesund ist. Bei so vielen Verboten und entsprechender Verwirrung ist es kein Wunder, wie schwer es uns fällt, diese Diäten länger zu befolgen. Würde man auf all das hören, wäre einem das Essen wahrscheinlich schnell zur Gänze verleidet.

Stellen Sie sich nun das Gegenstück vor: eine Ernährungsweise, die alles, was Sie bisher wussten, auf den Kopf stellt, bei der sich die positiven Auswirkungen auf Fettverbrennung und Gesundheit aus bestimmten Nahrungsmitteln ergeben, die Sie in Ihren Speiseplan *einfügen*. Die Sirtfoods.

Sirtuine

Um zu verstehen, wie die Sirtuin-Diät funktioniert, müssen wir uns mit einer Enzymgruppe befassen, über die wir alle seit Urzeiten verfügen. Man kann sich diese Enzyme wie den Dirigenten eines großen Orchesters vorstellen, der Prozesse in unseren Körperzellen koordiniert, die wiederum unsere Fähigkeit, Fett zu verbrennen, Krankheiten abzuwehren, und sogar unsere Lebenserwartung beeinflussen. Diese Enzyme werden Sirtuine genannt, und sie sind auch der Schlüssel für die außerordentlich hohe Effektivität der Sirtuin-Diät.

Das Bemerkenswerte an den Sirtuinen ist, dass sie eingeschaltet werden, sobald Körperzellen unter Stress stehen. In unserer schnelllebigen Zeit ist kaum bekannt, dass Stress auch von Vorteil sein kann, doch in diesem Fall ist er das. Wir haben es hier mit einer körperlichen Form von Stress zu tun, die stark kontrolliert abläuft und unseren Körper dazu bringt, zu reagieren und sich anzupassen. Sirtuine tun dies auf verschiedene Arten, etwa durch Erhöhung der Muskeleffektivität, Ankurbelung der Fettverbrennung, Linderung von Entzündungen oder durch die Instandsetzung beziehungsweise das Recycling von Schäden und Zellrückständen, die sich in unseren Zellen angehäuft haben. Indem sie dieses körpereigene »Reparations- und Verjüngungs-«Programm in unseren Zellen aktivieren, tragen Sirtuine dazu bei, dass wir fitter, schlanker und gesünder werden.

Fasten, Sport und …

Seit Längerem kennen wir zwei Wege, um positiven Stress hervorzurufen und die Sirtuine zu aktivieren: Fasten und Sport. Mit der Kalorienrestriktion, einer Form des Fastens, die eine lebenslange Reduktion der zugeführten Kalorien erfordert, lässt sich nachgewiesenermaßen die Lebensdauer verlängern. Sport ist, wie wir alle wissen, mit unzähligen gesundheitlichen Vorteilen verbunden und vermag die Sterblichkeitsrate drastisch zu senken. Doch so erstrebenswert ihre sirtuinaktivierenden Effekte auch sein mögen, wenn es darum geht, mit diesen Methoden abzunehmen, braucht es schon ein besonderes Durchhaltevermögen.

Der englische Begriff »hangry« (der, wie Sie sich vielleicht schon gedacht haben, eine Verschmelzung von

»hungry« und »angry« ist und den Zustand schlechter Laune und Reizbarkeit beschreibt, der Hungrige oftmals überkommt) hat es nun sogar in das renommierte *Oxford English Dictionary* geschafft. Nimmt man noch Müdigkeit, Muskelabbau und unter Umständen auch Mangelernährung dazu, verliert das Fasten sehr schnell seinen Glanz.

Wir empfehlen auf jeden Fall, sich zur Steigerung des Wohlbefindens regelmäßig moderat zu bewegen. Um effektiv abzunehmen, braucht es allerdings häufige Anstrengungen von geradezu heldenhaften Ausmaßen. Eine schlechte Ernährung lässt sich nun mal nicht im Laufschritt überrunden.

Wenn nun mühseliges Fasten oder hartes Training in Ihren Ohren allzu sehr nach Schwerstarbeit klingt, Sie die Sirtuine aber trotzdem für sich nutzen möchten, verzweifeln Sie nicht: Es gibt da noch einen deutlich genussvolleren Weg, und dieser führt über das Essen.

Sirtfoods

Sirtfoods sind Lebensmittel, die die Effekte von Fasten beziehungsweise Sport imitieren, indem sie unsere Sirtuine aktivieren und somit die Fettverbrennung und den Muskelaufbau ankurbeln sowie den Gesundheitszustand verbessern.

Das klingt beinahe zu schön, um wahr zu sein. Um

wirklich zu begreifen, auf welche Weise Nahrungsmittel das zuwege bringen, müssen wir die Frage, warum Obst, Gemüse und pflanzliche Lebensmittel gesund sind, einmal aus einem *völlig* anderen Blickwinkel betrachten. Bis jetzt hieß es immer, die gesundheitsfördernden Eigenschaften seien vor allem auf den Gehalt an Vitaminen, Mineralien, Ballaststoffen und Antioxidantien zurückzuführen. Wir sehen das inzwischen anders: Pflanzliche Nahrungsmittel sind vor allem deshalb so gesund, weil sie voller schwacher Toxine sind. Nicht Vitamine. Nicht Mineralien. Nicht Antioxidantien. Toxine, also Gifte …

WAS SIE NICHT UMBRINGT, MACHT SIE STÄRKER

Pflanzliche Toxine belasten verständlicherweise unsere Zellen, doch es handelt sich dabei um eine »positive« Form von Stress, von der wir bereits gesprochen haben. Die Art von Stress, die unsere Sirtuine in Schwung bringt und unsere Zellen dazu anhält, sich anzupassen und fitter und gesünder zu werden. Wissenschaftler bezeichnen dieses Phänomen als »Hormesis« (leitet sich ab vom griechischen Wort für »Anstoß«). Es handelt sich dabei um einen evolutionären Überlebensmechanismus oder, wie wir es ausdrücken wollen: »Was Sie nicht umbringt, macht Sie stärker.«

Alle lebenden Organismen durchlaufen den Prozess der Hormesis, auch Pflanzen. Das Besondere an Pflanzen ist jedoch, wie irrsinnig kompliziert ihr Stressreaktionsmechanismus im Vergleich zu unserem ist. Und das aus einem simplen Grund: Pflanzen sind ortsgebunden. Auf den ersten Blick mag das seltsam klingen, doch wenn Sie genauer darüber nachdenken, erkennen Sie, dass Ortsgebundenheit einen massiven Nachteil darstellt. Man kann sich nicht auf die Suche nach Wasser, Nahrung oder Unterschlupf begeben beziehungsweise vor einem Angreifer fliehen, der einen nur zu gerne als Abendessen verspeisen würde. Es bleibt einem nichts anderes übrig, als buchstäblich angewurzelt an der Stelle stehen zu bleiben. Deswegen haben Pflanzen ein überwältigendes, höchst ausgeklügeltes Stressreaktionssystem entwickelt, das ihnen hilft, sich an die Umgebung anzupassen und zu überleben. Dazu gehört die Produktion einer riesigen Palette natürlicher Pflanzenchemikalien, die dem eigenen Schutz dienen. Fachleute nennen diese Pflanzenchemikalien Polyphenole.

Wenn wir solche Pflanzen essen, nehmen wir dabei nicht nur ihre Vitamine und Mineralien auf, sondern auch ihre Polyphenole. Faktisch konsumieren wir eine ganze Reihe hochkomplexer pflanzlicher Stresssignale. Und wissen Sie was? Viele dieser Polyphenole sind wiederum in der Lage, unsere körpereigenen Stressreaktionspfade zu aktiveren. Wir sprechen über exakt dieselben Stressreaktionspfade, die auch beim Fasten und Trainieren aktiviert werden: die Sirtuine. Sich auf diese Weise das pflanzliche Stressreaktionssystem zunutze zu machen wird Xenohormese genannt. Deshalb sind jene Lebensmittel mit dem höchsten Gehalt an pflanzlichen, sirtuinaktivierenden Bestandteilen so gesund: die »Sirtfoods«.

AUF NIMMERWIEDERSEHEN, FETT!

Als wir die Sirtuin-Diät zum ersten Mal mit einer Gruppe von Menschen getestet haben, gab es eine Sache, die sofort ins Auge fiel. Es war nicht nur der Umstand, dass die Teilnehmer deutlich an Gewicht verloren. Es war vielmehr die *Art* des Gewichts, das sie verloren, das unser Interesse auf sich zog.

Jemand, der Diät hält, nimmt normalerweise sowohl an Fett- als auch an Muskelmasse ab. Wir beobachteten jedoch etwas anderes. Die Probanden senkten ausnahmslos den Körperfettanteil. In der Tat verzeichneten manche von ihnen zu unserer großen Überraschung sogar einen Zuwachs an Muskelmasse.

Abzunehmen und dabei nichts von der Muskelmasse einzubüßen ist aus mehreren Gründen vorteilhaft: Zum einen beschert es uns das ersehnte durchtrainierte und schlanke Äußere. Besser noch, die Muskelmasse aufrechtzuerhalten bedeutet, dass die mit dem Gewichtsverlust einhergehende Stoffwechselrate weniger stark sinkt. Dass die Muskeln weiterhin Energie verbrennen, auch wenn sie ruhen. Und dies trägt dazu bei, den gefürchteten Jo-Jo-Effekt zu verhindern, und steigert die Chancen, das erreichte Gewicht langfristig zu halten.

Um diese Aufsehen erregende Erkenntnis verstehen zu können, müssen wir uns erneut mit den Sirtuinen befassen. Genau genommen widmen wir uns einem besonders wichtigen Mitglied der Sirtuinfamilie, dem Sirt-1, das dem Fett einen dreifachen Schlag versetzt. Als Erstes blockiert es die Wirkung des sogenannten PPAR γ, welches den Prozess der Fettproduktion in unserem Körper steuert. Zweitens steigert es die Aktivität des sogenannten PGC-1-α, das die wichtige Funktion hat, unsere Zellen dazu anzuregen, winzige Energiefabriken, Mitochondrien genannt, zu bilden, die Fett als Treibstoff verbrennen. Und um dem Ganzen die Krone aufzusetzen: Sirt-1 stiftet unsere Fettzellen dazu an, eine Art Persönlichkeitsveränderung durchzumachen. Es redet ihnen gut zu, Fett abzubauen, anstatt es einzulagern.

HALLO, MUSKEL

Das alles ist ein schwerer Schlag für das Fett, doch wie lässt sich der unerwartete Effekt auf die Muskeln erklären? Sirtuine haben erhebliche Auswirkungen auf die Muskeln. Die Aktivierung von Sirtuinen verhindert nicht nur den Abbau von Muskeln, sondern fördert zudem ihre Regeneration. Das liegt daran, dass Sirt-1 ganz bestimmte Zellen innerhalb der Muskeln – die sogenannten Satellitenzellen – anregt, die für Muskelwachstum und -wiederherstellung zuständig sind.

Die potenziellen Vorteile für die Muskeln reichen so weit, dass die Aktivierung von Sirt-1 sogar in der Lage zu sein scheint, dem allmählichen Verlust an Muskelmasse und -funktion vorzubeugen, zu dem es mit zunehmendem Alter kommt. Dieses unter dem Begriff Sarkonpenie bekannte Phänomen kann unsere Leistungsfähigkeit und Gesundheit ziemlich einschränken, wenn wir älter werden. Die Aktivierung von Sirt-1 trägt daher maßgeblich dazu bei, dass wir bis ins hohe Alter kerngesund und aktiv bleiben.

WOHLBEFINDEN

Durch die Sirtuinaktivierung ergeben sich also beste Voraussetzungen für lebenslanges Schlanksein. Doch warum es dabei belassen? Infolge einer sirtfoodbasierten Ernährung kommt es noch zu einer weiteren »Nebenwirkung«: einem außerordentlich guten Gesundheitszustand, der das ganze Leben anhält.

Schließlich wird unsere Gesellschaft nicht nur immer dicker, sondern auch kränker, wobei sich ernüchternde 70 Prozent aller Sterbefälle auf chronische Leiden zurückführen lassen. Trotz des unglaublichen medizinischen Fortschritts sind Herzerkrankungen, Krebs, Diabetes, Demenz und Osteoporose immer noch bedenklich weit verbreitet. Es ist gewiss kein Geheimnis, dass die Gesundheitssysteme weltweit unter dieser Last in die Knie gehen. Doch eines wissen wir ganz sicher, dass nämlich ein Großteil dieser Krankheiten mit der richtigen Ernährung verhindert werden könnte.

Wie sich herausgestellt hat, spielt eine mangelhafte Sirtuinaktivität nämlich häufig eine Rolle bei diesen Krankheiten. Die Aktivierung der Sirtuine hat nachgewiesenermaßen positive Auswirkungen auf die Herz- und Arteriengesundheit, verbessert die Arbeitsweise des Insulins, verhindert die Entstehung von Schäden, die zu Demenz führen, und stimuliert die Knochenbildungszellen, Osteoblasten genannt, die dazu beitragen, Osteoporose zu bekämpfen. Es ist vermutlich keine Überraschung, dass der Verzehr großer Mengen Fertignahrungsmittel, die synonym für unsere moderne Ernährung stehen, mit einer reduzierten Sirtuinaktivität und einem Auftreten chronischer Leiden in Zusammenhang steht. Doch mit der Sirtuin-Diät, die die Lebensmittel mit der stärksten sirtuinaktivierenden Kraft der Welt in sich vereint, eröffnet sich uns ein Universum leckerer Speisen und Rezepte. Und nicht nur das: Jeder Bissen verschafft uns einen überdurchschnittlich guten Gesundheitszustand.

2
Alles, was Sie wissen müssen

Was brauche ich?

Das Einzige, was Sie wirklich brauchen, ist ein Entsafter. Die Lebensmittel werden Ihnen größtenteils vertraut sein und sind überall erhältlich. Es gibt allerdings ein paar Nahrungsmittel, zu denen wir Neueinsteigern bei der Sirtuin-Diät einige Hintergrundinformationen an die Hand geben wollen.

BUCHWEIZEN

Buchweizen ist in jüngster Zeit zu einer angesagten Alternative zu Getreide geworden, ein Umstand, der nicht zuletzt auf den Erfolg der Sirtuin-Diät zurückzuführen ist. Als einflussreiche Star-Köche wie Jamie Oliver, Nigella Lawson und Lorraine Pascale ihre Begeisterung für dieses »Pseudo-Getreide« entdeckten, waren die Bestände an Buchweizen in den Supermärkten mit einem Schlag ständig ausverkauft. So ist der Buchweizen schnell ins öffentliche Bewusstsein gerückt, sodass Sie ihn nun in seinen gängigsten Formen wie Grütze oder Mehl in allen gut sortierten Supermärkten bekommen. Die Buchweizenpops und -flakes, die Sie für manche unserer Rezepte benötigen, kaufen Sie allerdings immer noch am besten in Reformhäusern, Bioläden oder übers Internet.

MATCHA

Matcha ist pulverisierter Grüntee oder, wie wir gerne sagen, »grüner Tee auf Steroiden«. Man bekommt es gut übers Internet und in Reformhäusern, zunehmend aber auch in Supermärkten. Beim Kauf von Matcha gibt es zwei Dinge zu beachten: Erstens sollte man sich für eine japanische Variante entscheiden, da chinesische Alternativen sehr häufig mit Schwermetallen belastet sind. Zweitens lohnt es sich, Preise zu vergleichen. Die Preisunterschiede sind sehr hoch, und manche Marken sind besonders teuer; doch es lassen sich auch gute Produkte zu sehr erschwinglichen Preisen finden.

LIEBSTÖCKEL

Dieses fast in Vergessenheit geratene Küchenkraut erfährt seit seiner Ernennung zum Top-Sirtfood eine Art Renaissance. Falls Sie es noch nie probiert haben – es schmeckt wie eine Mischung aus Sellerie und Petersilie, mit einem Hauch von Curry und Anis. Weil er in Supermärkten bisher kaum vorrätig ist (was sich hoffentlich bald ändern wird), kaufen Sie Liebstöckel am besten in der örtlichen Gärtnerei oder übers Internet, und zwar sowohl als Pflanze als auch als Samen. Liebstöckel gedeiht prächtig in Blumentöpfen oder Gärten. Alles, was Sie daher benötigen, sind ein paar Samen, eine Blumenschale und eine Fensterbank. Wenn Sie keinen Liebstöckel bekommen, können Sie ihn auch einfach weglassen und dennoch von den zahlreichen gesundheitlichen Vorzügen der anderen Sirtfoods profitieren.

SCHOKOLADE

Kommen wir nun auf das beliebteste Sirtfood überhaupt zu sprechen: die Schokolade! Wir empfehlen dunkle Schokolade mit einem Kakaoanteil von 85 Prozent, doch Achtung, nicht jede Schokolade mit diesem Kakaoanteil hat die gleiche hohe Qualität. Manche Sorten durchlaufen einen Raffinierungsprozess, die sogenannte Alkalisation, der den Gehalt an sirtuinaktivierenden Nährstoffen deutlich senkt. Da sich anhand der Verpackung nicht erkennen lässt, welche Sorten auf diese Weise verarbeitet wurden und welche nicht, haben wir unsere eigenen Nachforschungen angestellt und dabei herausgefunden, dass Lindt Excellence Mild zu 85 % nicht mit Alkalisalzen behandelt wird. Sie ist daher die Schokolade unserer Wahl. Und für den Fall, dass Sie dachten, je dunkler, desto besser: die 90 %-Version ist sehr wohl alkalisiert und folglich weniger gesund.

Der grüne Sirtfoodsaft

Dieser grüne Saft ist grundlegender Bestandteil von Phase 1 der Sirtuin-Diät. Es handelt sich bei sämtlichen Zutaten um hochwirksame Sirtfoods. Der Saft liefert Ihnen einen wertvollen Cocktail aus natürlichen Bestandteilen, die gemeinsam dazu beitragen, die Sirtuine einzuschalten. Wir haben dem Ganzen lediglich ein wenig Apfel für den Geschmack zugefügt und ein paar Spritzer Zitronensaft. Vergessen Sie keinesfalls die Zitrone. Ihre natürliche Säure bewahrt, stabilisiert und erhöht nachgewiesenermaßen die Absorption der sirtuinaktivierenden Nährstoffe.

Seit der Veröffentlichung von *Die Sirtuin-Diät/The Sirtfood Diet* haben wir gemerkt, dass frischer Ingwer den Geschmack des Saftes wunderbar ergänzt und eine anregende Wärme im Mund entstehen lässt. Im KX Fitnessstudio, wo die Sirtuin-Diät zum ersten Mal getestet wurde, wird inzwischen Ingwer anstelle von Apfel verwendet, weil der Saft dann, laut zahlreichen Rückmeldungen, frischer schmeckt. Wir haben daher die Option mit aufgenommen, auch Ingwer in den Saft zu geben, und zwar nach Belieben entweder zusätzlich zum Apfel oder anstelle davon. Den Ingwer können Sie auch komplett weglassen und bei dem altbewährten Rezept bleiben, falls Ihnen das so lieber ist.

Wir haben für dieses Buch noch ein paar zusätzliche Saftrezepte entwickelt, damit Sie ein wenig Abwechslung zum klassischen grünen Sirtfoodsaft haben, wenn Sie mit Phase 2 durchstarten und Sirtfoods zu einem Bestandteil Ihrer zukünftigen Ernährung machen (siehe Seiten 261 bis 277. Schließlich ist Vielfalt die Würze des Lebens, und wir sind uns darüber klar, dass, egal wie gut etwas ist, man es damit auch übertreiben kann; es schadet daher keinesfalls, ein wenig zu variieren. Es ist wirklich wichtig, den grünen Saft mithilfe eines Entsafters herzustellen. Leider eignen sich Hochleistungsmixer oder Smoothie Maker nicht für dieses Rezept. Wir können uns die Einwände unserer Leser vorstellen; Smoothie Maker sind praktisch, und es mag nicht recht einleuchten, dass Säfte hochwertiger sein sollen, da sie doch all ihrer Ballaststoffe beraubt sind. Als wir ursprünglich die Sirtuin-Diät kreierten, schwammen wir auch auf der Smoothie-Welle mit – bis der Groschen gefallen war, dass Entsaften die einzig wahre Zubereitungsmethode ist. Das liegt daran, dass wir beim Entsaften sehr viel mehr von den grünen Blattgemüsen nutzen und einen hochkonzentrierten Sirtfoodschub bekommen. Doch was ist mit den Fasern, die übrigbleiben? Von den begehrenswerten, sirtuinaktivierenden Nährstoffen sind nur sehr geringe Mengen in den Ballaststoffen enthalten, und wir wissen zudem, dass zu viele Ballaststoffe aus Blattgemüsen wie zum Beispiel Grünkohl das Verdauungssystem in Aufruhr versetzen können, insbesondere bei empfindlicheren Menschen. Daher ist es in diesem Fall besser, auf die Fasern zu verzichten.

Außerdem darf der Geschmack in einer Debatte Saft versus Smoothie nicht unter den Tisch fallen. »Widerliche Matschbrühe« war eine Beschreibung, die uns von jemandem zu Ohren kam, der anfangs gemixt statt entsaftet hat. Wir haben bei denjenigen Probanden Blutuntersuchungen vornehmen lassen, die von grünen Smoothies zu grünen Säften gewechselt sind – mit bemerkenswerten Ergebnissen: Der Spiegel essenzieller Nährstoffe wie Magnesium und Folsäure war drastisch gestiegen. Entsaften ist dem Mixen also überlegen.

Grüner Sirtfoodsaft (1 Portion)

2 große Handvoll (75 g) Grünkohl

1 große Handvoll (30 g) Rucola

1 sehr kleine Handvoll (5 g) glatte Petersilie

1 sehr kleine Handvoll (5 g) Liebstöckelblätter (optional)

2–3 größere Stängel Stangensellerie (150 g), einschließlich seiner Blätter

½ mittelgroßer grüner Apfel (optional; er kann auch durch die angegebene Menge Ingwer ersetzt werden)

1–2 cm frischer Ingwer (optional)

Saft von ½ Zitrone

½ gestr. TL Matcha*

---

* Phase 1: 1.–3. Tag: nur den ersten beiden Säften des Tages zugeben; 4.-7. Tag: beiden Säften zugeben

Bitte beachten Sie, dass in unserem Pilotversuch die Mengen zwar sorgfältig abgewogen wurden, unserer Erfahrung nach das Abmessen von Hand jedoch wunderbar funktioniert. Genau genommen trägt es sogar dazu bei, die Nährstoffmenge auf die jeweilige Körpergröße optimal abzustimmen. Größere Personen haben tendenziell größere Hände und erhalten auf diese Weise eine proportional höhere Menge an Sirtfood-Nährstoffen, was umgekehrt auch für kleinere Menschen gilt.

- Das Blattgemüse (Grünkohl, Rucola, Petersilie und nach Belieben den Liebstöckel) mischen, anschließend entsaften. Bekanntlich unterscheiden sich die einzelnen Entsafter in ihrer Effektivität, sodass die Überreste möglicherweise noch einmal entsaftet werden müssen, bevor die nächsten Zutaten an die Reihe kommen. Ziel ist, am Ende etwa 50 Milliliter Saft aus dem Blattgemüse zu erhalten.
- Nun den Sellerie und den Apfel oder den Ingwer beziehungsweise alle drei Zutaten entsaften.
- Die Zitrone kann geschält ebenfalls in den Entsafter gegeben werden. Wir finden es jedoch einfacher, sie von Hand in den Saft zu pressen. Sie sollten nun insgesamt etwa 250 Milliliter Saft haben, vielleicht auch ein wenig mehr.
- Das Matcha-Pulver immer erst kurz vor dem Servieren in den fertigen Saft geben. Dafür ein wenig Saft in ein Glas gießen, das Matcha-Pulver zufügen und mit einer Gabel oder einem Teelöffel kräftig verrühren. Wir ver-

wenden Matcha nur für die ersten beiden Drinks am Tag, weil es moderate Mengen Koffein enthält (etwa so viel wie eine durchschnittliche Tasse Schwarztee). Menschen, die nicht daran gewöhnt sind, könnten durch den späten Genuss Einschlafprobleme bekommen.

- Sobald das Matcha-Pulver aufgelöst ist, den restlichen Saft aufgießen. Ein letztes Mal umrühren, und der Saft ist fertig. Nach Belieben mit klarem Wasser auffüllen.

- Sie können, wenn Sie möchten, jeden Saft frisch zubereiten oder auch die für den ganzen Tag benötigte Saftmenge morgens herstellen und bis zur Verwendung im Kühlschrank aufbewahren, ohne nennenswerten Verlust bei den Nährstoffen. Studien haben sogar gezeigt, dass die nützlichen sirtuinaktivierenden Polyphenole bis zu drei Tage erhalten bleiben, bevor ihr Gehalt sinkt. Wenn Sie also wenig Zeit haben, können Sie die Säfte problemlos für den nächsten Tag im Voraus zubereiten. Achten Sie nur darauf, ihn gut gekühlt und lichtgeschützt aufzubewahren.

Trinkempfehlung für die Säfte

Phase 1: 1.–3. Tag: drei Säfte täglich
Phase 1: 4.–7. Tag: zwei Säfte täglich
Ab Phase 2: ein Saft täglich, wobei zur Abwechslung auch einer der Säfte von den Seiten 261 bis 266 getrunken werden kann.

Für wen sich die Diät nicht eignet

Obwohl die meisten Rezepte für die ganze Familie geeignet sind, gibt es ein paar wichtige Einschränkungen.

Phase 1 der Diät sollte nicht von Kindern, Frauen mit aktuellem Kinderwunsch, stillenden Müttern oder untergewichtigen Personen (BMI unter 18,5) durchgeführt werden.

Bestehen gravierende gesundheitliche Probleme, die die Einnahme von Medikamenten erfordern, oder haben Sie andere Gründe, den individuellen Nutzen der Diät zu hinterfragen, ziehen Sie bitte im Vorfeld unbedingt einen Arzt zurate.

Für Schwangere empfehlen wir, die Koffeinzufuhr auf maximal 200 mg pro Tag zu beschränken (eine Tasse Instantkaffee enthält für gewöhnlich 100 mg Koffein). Auf Matcha sollten Schwangere komplett verzichten und nicht mehr als vier Tassen normalen grünen Tee am Tag trinken.

Das Programm der Sirtuin-Diät zielt auf Gewichtsverlust ab und eignet sich daher nicht für Kinder. Außerdem sollte man Kindern keine Sirtfoods geben, die nennenswerte Mengen Koffein enthalten.

Das bedeutet jedoch nicht, dass sich aus der Integration all der anderen Top-Sirtfoods in den Speiseplan keine gesundheitsfördernde Wirkung für Kinder ergeben würde. Die meisten Kinder mögen die Gerichte aus diesem Buch, die extra familienfreundlich gestaltet wurden.

Für Schwangere und Kinder ist Rotwein natürlich tabu, für alle anderen in Maßen zu empfehlen.

3
Profitipps für garantierten Sirtuin-Erfolg

Macht man etwas zum ersten Mal, so ist einem dabei häufig ein wenig unbehaglich zumute. Falls Ihnen alles rund um die Sirtuine bisher neu ist, wollen wir Ihnen optimale Startbedingungen verschaffen. Möglicherweise haben Sie aber auch schon Erfahrungen gesammelt; in diesem Fall können Sie den folgenden Abschnitt nutzen, um sicherzustellen, dass Sie alles richtig machen. So oder so, aus den Erkenntnissen unserer Trial-and-Error-Versuche (wobei es nicht wenige »Errors« zu verzeichnen gab) sowie den großartigen Feedbacks der Sirtfood-Anhänger da draußen, die die Diät bereits absolviert haben, haben wir für Sie die Top-Empfehlungen herausdestilliert. So lassen sich beste Erfolge mit geringstmöglichem Aufwand erzielen. Sofern Sie sich daran halten, können Sie so gut wie garantiert all Ihre Ziele im Handumdrehen erreichen.

1 BESORGEN SIE SICH EINEN GUTEN ENTSAFTER

Durch das Entsaften von grünen Blattgemüsen, die zu den Top-Sirtfoods zählen, lässt sich eine riesige Menge sirtuinaktivierender Substanzen in einen simplen Drink transformieren. Dieser Drink schmeckt nicht nur wunderbar, sondern ist auch noch leicht verdaulich. Man produziert so also nichts anderes als einen hochkonzentrierten Sirtfood-Schub im Glas. Um Saft zu machen, benötigt man logischerweise einen Entsafter. Wir halten wenig davon, ständig Geld in neue Küchengeräte zu stecken. In diesem Fall geht es jedoch um ein unentbehrliches Utensil, das Sie tagtäglich für Ihre Gesundheit einsetzen werden – eine Investition, die sich, so meinen wir, über Jahre hinweg auszahlen wird. Obgleich die Entsafter sich nicht wesentlich voneinander unterscheiden und das persönliche Budget der eigentlich ausschlaggebende Faktor sein sollte, werden wir häufig gefragt, welcher Entsafter bei uns zum Einsatz kommt. Wir haben herausgefunden, dass manche Geräte deutlich effektiver sind, wenn es darum geht, grünes Blattgemüse beziehungsweise Kräuter zu entsaften. Die in England erhältliche Marke Sage gehört zu den besten, die wir ausprobiert haben. Die Geräte der Philips Advance Collection wiederum nehmen in Tests regelmäßig die Spitzenposition ein.

Wir müssen noch einmal klar und deutlich darauf hinweisen, dass Hochleistungsmixer und Smoothie Maker nicht für die Zubereitung von grünen Sirtfoodsäften geeignet sind.

2 DER SCHLÜSSEL LIEGT IN DER VORBEREITUNG

Von Abraham Lincoln stammt der berühmte Ausspruch: »Wenn ich acht Stunden Zeit hätte, einen Baum zu fällen, würde ich sechs Stunden die Axt schleifen.« Vorbereitung und Erfolg gehen Hand in Hand, und bei der Sirtuin-Diät ist das nicht anders. Aus den zahlreichen Rückmeldungen unserer Leser geht eines ganz deutlich hervor: Diejenigen, die das Buch *Die Sirtfood-Diät/The Sirtuin-Diet* aufmerksam durchgelesen und ihre ersten sieben Tage sorgfältig geplant hatten, waren die erfolgreichsten.

So sehr es Ihnen also unter den Nägeln brennen mag, sofort anzufangen – wir empfehlen Ihnen, zunächst das ganze Buch zu lesen. Machen Sie keine Abstriche und schlagen Sie so oft, wie es für Sie nötig ist, den jeweiligen Abschnitt nach, bevor Sie anfangen. Machen Sie sich mit den Rezepten vertraut, die Sie in dieser Woche zubereiten werden, schreiben Sie sich eine Einkaufsliste und decken Sie sich mit allen Zutaten und Küchenutensilien ein, die Sie brauchen. Auch, wenn viele dieser Rezepte sehr schnell zubereitet sind, sollten Sie sich nicht in dem falschen Sicherheitsgefühl wiegen, Sie bräuchten sich nicht vorzubereiten. Wenn Sie wissen, dass Ihnen ein stressiger Tag bevorsteht, kaufen Sie im Voraus ein, sodass Sie für alle Anforderungen gerüstet sind. Sie können auch bereits am Vorabend für den nächsten Tag kochen beziehungsweise den Saft vorbereiten und alles im Kühlschrank aufbewahren. Mit guter Organisation werden Sie verblüfft feststellen, wie einfach Ihnen das Prozedere fällt.

3 ESSEN SIE MÖGLICHST FRÜH

Unser Credo lautet: Je früher Sie essen, desto besser. Und zwar aus zweierlei Gründen. Punkt eins ist die natürliche Sättigungswirkung der Sirtfoods. Es ist deutlich vorteilhafter, etwas zu sich zu nehmen, das einen angenehm sättigt und mit Energie versorgt, als den ganzen Tag von Hungergefühlen geplagt herumzulaufen und erst abends zu essen. Dann sind Sie nur nachts, beim Schlafen, wirklich satt. Zwar haben auch Säfte eine leicht sättigende Wirkung, doch vor allem in fester Nahrung zeigen die Sirtfoods ihre Vorteile. Aus Erfahrungsberichten wissen wir, dass alle, die ihre Mahlzeiten zu einer frühen Tageszeit einnehmen, ein ausgeprägteres Sättigungsgefühl haben als die, die bis zum Abend damit warten.

Der zweite Grund liegt in unserer sogenannten inneren Uhr (auch circadianer Rhythmus genannt). Sie bestimmt, wie unser Körper mit Speisen verfährt. Wenn wir früher essen, ist die Chance groß, dass Nahrung als Energie verbrannt wird, während später Verzehrtes anderweitig verarbeitet und mit höherer Wahrscheinlichkeit in Form von Fett gespeichert wird. Daher empfehlen wir, möglichst vor 19 Uhr zu essen, auch wenn Sie dann das Essen am Vorabend zubereiten müssen.

Aber auch wir leben ja nicht hinterm Mond und wissen, dass das für einige so nicht immer möglich ist. Wenn Sie beispielsweise erst sehr spät von der Arbeit kommen, hängen Sie sich nicht allzu sehr an dieser Regel auf, sondern versuchen Sie, einen Weg zu finden, die Diät so gut wie möglich Ihrem Lebensstil anzupassen.

4 ESSEN SIE, BIS SIE SATT SIND

Eine bemerkenswerte Erkenntnis unserer Studie lag außerdem in der enorm sättigenden Wirkung der Sirtfoods; die Teilnehmer empfanden die Mahlzeiten als sehr reichlich und waren häufig satt, noch bevor sie ihre Portionen aufgegessen hatten. Wir raten Ihnen unbedingt, auf die Signale Ihres Körpers zu hören und nur so lange zu essen, bis Sie angenehm satt sind, statt sich zum Aufessen zu zwingen, nur weil der Teller noch nicht leer ist.

Bei den Mengen haben wir uns zwar an üblichen Portionsgrößen orientiert, Sie dürfen jedoch nicht vergessen, dass wir alle verschieden sind und es keine universal passenden Mengen gibt. Sobald Sie lernen, auf innere Signale zu hören, können Sie genau bestimmen, wie viel Sie brauchen, um den persönlichen Bedarf zu decken. Anstatt zu essen, bis man proppenvoll ist (was sich selten gut anfühlt), sollte man sich lieber an den außerordentlich langlebigen Okinawa-Indianern orientieren, die nach dem Motto »*Hara hachi bu*« leben, was in etwa bedeutet: »So lange essen, bis man zu 80 Prozent satt ist.«

5 LASSEN SIE SICH NICHT VON DER WAAGE BEHERRSCHEN

In unserer Pilotstudie betrug der muskelzuwachsbereinigte Gewichtsverlust der Teilnehmer in sieben Tagen durchschnittlich 3,2 Kilogramm. Doch weil es sich dabei um den Mittelwert handelt, gab es in Wahrheit große Unterschiede zwischen den einzelnen Probanden. Die auf den Waagendisplays ermittelte Differenz reichte von 1,4 bis zu über 4,5 Kilogramm. Bedeutet das also, dass diejenigen, die am meisten abgenommen haben, zugleich die erfolgreichsten sind, beziehungsweise jene, die am wenigsten Gewicht verloren haben, gescheitert sind? Keineswegs!

So sehr der Mensch auch dem Glauben anhängt, der Erfolg beim Abnehmen ließe sich vor allem über den Blick auf die Waage ermitteln, möchten wir Sie doch zum Andersdenken ermutigen – vor allem, wenn Ihre Ziele lang anhaltender Gewichtsverlust und ein gesundes Leben sind. Es gibt da nämlich noch zwei sehr viel wichtigere Aspekte. Zum einen geht es darum, die richtige Fett*art* abzubauen. Es mag seltsam anmuten, doch es ist sehr wohl von Belang, wo wir das Fett einlagern. Es gibt Fett, das schädlicher ist als anderes. Wir reden hier von dem Fett, das sich um den Bauch herum sammelt. Diese Form der »zentralen Adipositas« steht im Zusammenhang mit zahlreichen Stoffwechselerkrankungen wie zum Beispiel Diabetes oder Herzleiden.

Zum anderen geht es um den Erhalt oder sogar Ausbau der Muskelmasse. Dieser beschert uns nicht nur ein erstrebenswert schlankes, straffes und athletisches Äußeres, sondern hält auch den Stoffwechsel auf Trab, da Muskeln beständig Energie verbrauchen, sogar im Ruhezustand. Das unterstützt die weitere Gewichtsabnahme und verbessert auf lange Sicht die Erfolgsaussichten.

Mit der Sirtuin-Diät ist beides nicht nur möglich, sondern durchaus üblich. Tatsächlich konnten wir häufig beobachten, wie das Gewicht in den letzten Tagen von Phase 1 nach oben kletterte, während sich der Hüftumfang weiterhin verringerte. Das ist der Grund, warum wir Sie zwar dazu auffordern, regelmäßig auf die Waage zu steigen, diese jedoch nicht über Sie bestimmen zu lassen. Betrachten Sie Ihren Körper genau im Spiegel und überprüfen Sie den Sitz der Kleidung beziehungsweise, ob Sie den Gürtel ein Loch enger schnallen müssen. All das sind großartige Indikatoren für die tiefgreifenden Veränderungen Ihrer Körperzusammensetzung. Und vergessen Sie nicht: Vom Gewichtsverlust einmal abgesehen, ist die Einführung von Sirtfoods in die Ernährung ein großer Schritt, um die Zellen fitter und krankheitsresistenter zu machen. Er ebnet Ihnen somit den Weg zu lebenslanger Gesundheit.

6 GENIESSEN SIE IHREN WEG

Das Schöne an der Sirtuin-Diät ist, dass es sich um eine Diät der Inklusion handelt. Im Vordergrund steht ganz klar, hochwertige Nahrungsmittel in die Ernährung aufzunehmen. Manche davon mögen für Sie neu sein, bei anderen wiederum werden Sie niemals daran gedacht haben, sie in solchen Mengen, wie wir sie empfehlen, zu verzehren.

Es geht also nicht darum, die Zähne zusammenzubeißen und etwas nur deshalb zu essen, weil es gesund ist. Es geht bei dieser Ernährung vielmehr darum, das Essen in all seiner Herrlichkeit zu feiern, weil es unserer Gesundheit zugutekommt und, mindestens genauso wichtig, weil es uns Genuss und Freude beschert.

So viele Diäten sind nichts anderes als ein Mittel zum Zweck, basierend auf dem Grundsatz »ohne Fleiß kein Preis«. Sie gehen von der Annahme aus, dass wir Mühsal und Mangel auf uns nehmen müssen, um ans Ziel zu gelangen. Die Sirtuin-Diät räumt mit diesem Irrtum auf. Wie traurig wäre es, wenn wir nur noch darauf aus wären, das anvisierte Wunschgewicht zu erreichen, sodass wir schließlich all die wunderbaren Speisen und köstlichen Rezepte, die uns auf diesem Weg begleiten, nicht mehr zu schätzen wüssten?

Es kommt vor allem darauf an, achtsam zu sein und im Hier und Jetzt zu leben. Das ist sogar wissenschaftlich untermauert. Denn wie sich gezeigt hat, erreichen wir unsere Ziele mit deutlich höherer Wahrscheinlichkeit, wenn wir uns auf den Weg dorthin konzentrieren, anstatt auf das angestrebte Ergebnis. Genießen Sie daher den Moment und jeden köstlichen Bissen, den Ihnen dieser beschert.

7 SEIEN SIE MUTIG – EXPERIMENTIEREN SIE

Auch, wenn die Rezepte in diesem Buch von einem der besten Köche Großbritanniens kreiert wurden, der aus jedem noch so schnellen und einfachen Gericht eine geschmackliche Offenbarung macht, lassen Sie sich keinesfalls davon abhalten, selbst kreativ zu sein. Wir lieben nichts mehr, als wenn unsere Leserinnen und Leser nach Lust und Laune im Umgang mit Sirtfoods eine eigene Note entwickeln. Ob Sie nun ein Rezept bestimmten Bedürfnissen oder Einschränkungen in der Ernährung anpassen oder ein Freund besonders würziger Speisen sind, der einfach *alles* mit Chili würzen will (ich habe von Menschen gehört, die selbst noch in ihre Sirtfoodsäfte Chilipulver streuen!), oder einfach, um Gerichten einen persönlichen Anstrich zu verpassen – wir sagen: Nur zu! Oder Sie kreieren auf der Grundlage bestimmter Rezepte eigene, sirtifizierte Meisterwerke – nichts würde uns glücklicher machen, und wir freuen uns darauf, von Ihren kulinarischen Abenteuern zu lesen. Das Beste, das wir mit diesem Buch erreichen können, ist, Sie von der vorteilhaften Wirkung der Sirtfoods derart zu überzeugen, dass Sie instinktiv von selbst beginnen, Ihre ursprünglichen Essgewohnheiten zu »sirtifizieren«. Dann nämlich werden Ihnen die Sirtfoods zur zweiten Natur und zu einer Ernährungsform, an der Sie ein Leben lang festhalten.

8 TREIBEN SIE REGELMÄSSIG, ABER MODERAT SPORT

Neben einer gesunden Ernährung ist sportliche Aktivität das Beste, was wir für unsere Gesundheit tun können. Bewegung ist mit einer ganzen Reihe von Vorteilen für Körper und Geist verbunden, wobei die positiven Auswirkungen ausnehmend gut erforscht sind. Viele dieser positiven Auswirkungen sind auf die Aktivierung der Sirtuine zurückzuführen. Demnach kann sportliches Training im Zuge einer sirtfoodreichen Ernährung erst recht für eine maximale Aktivierung der Sirtuine sorgen.

Während Phase 1 der Diät empfehlen wir Ihnen, sportliche Anstrengungen auf ein angenehmes Level zu reduzieren, da Ihnen die milde Form des Fastens bereits einen maximal sirtuinanregenden Schub verpasst. Danach können Sie so viel trainieren, wie Sie wollen. Behalten Sie dabei im Hinterkopf, dass die Kombination von Bewegung und einer sirtfoodreichen Ernährung die perfekte Voraussetzung sowohl zur Verbesserung der körperlichen Leistungsfähigkeit wie auch zur Erholung bietet. Gleichzeitig werden so Gewichtsverlust und Gesundheit angekurbelt. Wir legen Ihnen ans Herz, sich an die Empfehlungen der WHO zu halten, die dazu aufruft, sich an fünf Tagen pro Woche jeweils mindestens 30 Minuten moderat zu bewegen – beispielsweise ein flotter Spaziergang, zu joggen oder im Fitnessstudio zu trainieren.

9 FAKTOR BALLASTSTOFFE

Viele Sirtfoods enthalten von Natur aus jede Menge Ballaststoffe – allen voran Zwiebeln, Chicorée und Walnüsse. Doch auch Buchweizen und Medjool-Datteln zeichnen sich durch einen herausragenden Ballaststoffgehalt aus. In den ersten drei Tagen von Phase 1 wird neben drei grünen Säften (aus denen die Ballaststoffe entfernt wurden, um eine möglichst hohe Konzentration sirtuinaktivierender Bestandteile im Saft zu erzielen) nur eine Mahlzeit täglich verzehrt. Dann müssen manche Menschen besonders darauf achten, möglichst ballaststoffreiche Speisen zu wählen, damit eine regelmäßige Darmtätigkeit gewährleistet ist und es nicht zu Verstopfungen kommt. In dieser Hinsicht ist jeder Mensch anders; sollten Sie merken, dass Sie einen Ballaststoffschub benötigen, entscheiden Sie sich bewusst für Rezepte, die Buchweizen, Bohnen, Kichererbsen oder Linsen enthalten.

10 RICHTIG TRINKEN

Wahrscheinlich kennen Sie die Empfehlung bereits, täglich mindestens acht Gläser Wasser zu trinken, um so einem Flüssigkeitsmangel vorzubeugen. Oder die These, dass das Gefühl von Durst bereits ein Zeichen körperlicher Dehydrierung sei. Keine dieser Behauptung ist in irgendeiner Weise wissenschaftlich belegt. Nichtsdestotrotz ist eine regelmäßige Flüssigkeitszufuhr sehr wohl günstig für den Körper. Außerdem lässt sich durch eine durchdachte Getränkewahl die Menge zugeführter Sirtfoods ganz praktisch und kulinarisch ansprechend steigern, und das einfach überall – ob zu Hause, im Büro oder beim Ausgehen mit Freunden. Am einfachsten geht das natürlich mit dem grünen Sirtfoodsaft. Doch vergessen Sie nicht, auch grüner Tee und Kaffee gehören zu den Top-Sirtfoods. Und entgegen der vorherrschenden Meinung, Koffein würde den Körper dehydrieren, tragen sowohl grüner Tee als auch Kaffee zur täglich zugeführten Flüssigkeitsmenge bei, wenn sie regelmäßig genossen werden. Weißer oder schwarzer Tee sind ebenfalls gute Sirtfoodoptionen. Und warum nicht stilles oder kohlensäurehaltiges Wasser ein wenig aufpeppen, indem Sie beispielsweise ein paar Erdbeerscheibchen mit ins Glas geben und so Ihren ganz persönlichen, mit Sirtfoods versetzten Gesundheitsdrink kreieren?

Rezepte

Anmerkungen zu den Rezepten

Bevor Sie die Rezepte nachkochen, haben wir ein paar Hinweise, damit Sie gleich richtig durchstarten können.

- Bird Eye Chilis (manchmal auch »Thai Chilis« genannt) gehören zu den Top-20-Sirtfoods und tauchen immer wieder als Zutat in unseren Rezepten auf. Falls Sie diese noch nie probiert haben – sie sind deutlich schärfer als normale Chilis. Wenn Sie nicht an scharfes Essen gewöhnt sind, empfehlen wir, zunächst mit der Hälfte der im Rezept angegebenen Chilimenge zu beginnen und die Schoten überdies vor der Verwendung zu entkernen. Sie können dann im weiteren Verlauf der Diät die Menge nach Belieben langsam erhöhen.

- Falls Sie noch nie mit Buchweizen gekocht haben – es gibt kaum etwas Einfacheres! Wir empfehlen, die Körner zunächst gründlich in einem Sieb abzuspülen, bevor sie in einen Topf mit kochendem Wasser gegeben werden. Die Kochzeit kann variieren, Sie sollten sich daher an die Packungsanweisung halten.

- Miso ist eine wohlschmeckende, äußerst aromatische Paste aus fermentierten Sojabohnen. Es gibt sie in verschiedenen Farben, wobei sie vor allem in Weiß, Gelb, Rot und Braun erhältlich sind. Die helleren Misopasten schmecken milder und süßer als die dunklen, die ziemlich salzig sein können. Für unsere Rezepte eignet sich besonders braunes oder rotes Miso. Sie können natürlich nach Herzenslust experimentieren, um herauszufinden, welche Sorte Ihnen am besten schmeckt. Rotes Miso ist meist besonders salzig, falls Sie am liebsten zu diesem greifen, sollten Sie vielleicht ein bisschen weniger davon verwenden. Geschmack und Salzgehalt von Miso kann auch je nach Marke unterschiedlich ausfallen. Probieren Sie die Misopaste, unabhängig von der Sorte, am besten zunächst, um dann die Menge beim Kochen darauf abzustimmen. Sie müssen also ein wenig herumprobieren, doch Sie werden ganz sicher bald den Bogen raushaben.

- Kapern gibt es in unterschiedlichen Größen. Für unsere Rezepte eignen sich am besten die kleineren Sorten (»Nonpareilles«). Sollten Sie nur größere bekommen, können Sie auch diese verwenden – Sie brauchen sie lediglich bis zur gewünschten Größe und Konsistenz zu zerkleinern.

- Glattblättrige Petersilie eignet sich am besten für die Speisenzubereitung; alternativ können Sie auch krause Petersilie verwenden.

- Zwiebeln, Knoblauch und Ingwer werden, wenn nicht anders angegeben, immer geschält.

- Salz und Pfeffer tauchen in den Rezepten nicht auf, Sie können die Speisen jedoch trotzdem gerne entsprechend Ihren geschmacklichen Vorlieben damit würzen. Sirtfoods sind für sich bereits ungeheuer aromatisch. Sie werden daher wahrscheinlich deutlich weniger Salz und Pfeffer benötigen, als Sie es normalerweise gewohnt sind.

Die symbolische Kennzeichnung der Rezepte

Damit Sie auf den ersten Blick erkennen, welche Rezepte am besten Ihren persönlichen Ernährungsbedürfnissen entsprechen, haben wir ein einfaches Kennzeichnungssystem entwickelt. So finden Sie sich im Rezeptdschungel spielend zurecht:

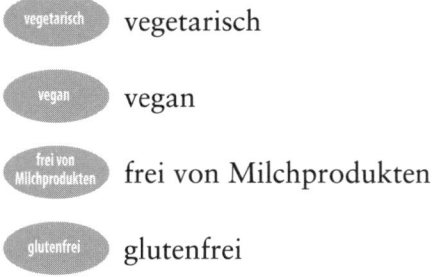

vegetarisch

vegan

frei von Milchprodukten

glutenfrei

 schnell und einfach

 auf Vorrat kochen

Bitte beachten Sie, dass die als glutenfrei gekennzeichneten Rezepte Zutaten enthalten, die von Natur aus glutenfrei sind, jedoch immer das Risiko einer Kreuzkontamination mit Gluten besteht. Diejenigen, die sich streng glutenfrei ernähren, sollten sich daher sicherheitshalber genau die Zutatenliste des Produkts durchlesen.

So, das war's! Sie sind nun auf dem neuesten Stand, was Sirtfoods und den erfolgversprechendsten Umgang damit betrifft. Jetzt können Sie loslegen, die köstlichen Rezepte aus diesem Buch nachzukochen. Guten Appetit!

Phase 1:
1.–3. Tag

Phase 1 eignet sich hervorragend als Sprungbrett, um ernsthaft abzunehmen und den Gesundheitszustand zu verbessern. Wir sprechen dabei von der sogenannten hypererfolgreichen Phase, die mit einer Methode arbeitet, mit der sich nachgewiesenermaßen über drei Kilogramm in sieben Tagen abnehmen lässt.

Sie ist deshalb so erfolgreich, weil sie eine moderate Fastenkur mit einer vorwiegend aus Sirtfoods bestehenden Ernährung kombiniert – kurz gesagt, es ist ein wirkungsvoller zweigleisiger Ansatz, der Ihren Sirtuinen ordentlich einheizen wird.

Phase 1 dauert nur sieben Tage und besteht aus zwei Abschnitten. Dieses Kapitel bringt Sie durch die ersten drei Tage, welches die intensivste Etappe ist. Sie dürfen in diesem Zeitraum täglich bis zu 1000 Kalorien zu sich nehmen, die sich wie folgt zusammensetzen:

- 3 x Grüner Sirtfoodsaft
- 1 x Hauptmahlzeit
- 15–20 g dunkle Schokolade (85 % Kakaoanteil)

Die grünen Säfte werden am besten über den Tag verteilt getrunken. So könnten Sie beispielsweise morgens und mittags jeweils einen zu sich nehmen und einen weiteren am Abend. Um die größte Wirkung zu erzielen, sollten sie mindestens eine Stunde vor beziehungsweise zwei Stunden nach einer Mahlzeit getrunken werden.

Für die Hauptmahlzeit können Sie sich nach Belieben eines der Rezepte in diesem Kapitel aussuchen. Wir bieten Ihnen eine bunt gewürfelte Mischung, sodass Sie sich ganz nach Ihren individuellen Bedürfnissen und geschmacklichen Vorlieben die Rezepte aussuchen können, die am besten zu Ihrem Lebensstil passen. Für glutenfreie, vegetarische oder vegane Optionen ist bestens gesorgt. Ebenso haben wir auch einige schnell und einfach zuzubereitende Gerichte für all diejenigen dazugenommen, die ständig unter Zeitknappheit leiden.

Um Ihnen den Überblick zu erleichtern, haben wir alle Rezepte mit Symbolen versehen, sodass Sie auf einen Blick erkennen, welches Gericht sich für Sie am besten eignet. Es gibt nur eine einzige Regel – Sie müssen sich an jedem der drei Tage für ein jeweils anderes Rezept entscheiden, damit sichergestellt ist, dass Sie mit dem vollen Spektrum an Sirtfoods versorgt werden.

Und weil das Beste immer zum Schluss kommt: Sie werden vom ersten Tag an Schokolade zu essen bekommen, es erwarten Sie also von Anfang an rosige Zeiten. Die meisten Menschen genehmigen sich ihre 15 bis 20 Gramm 85-prozentige dunkle Schokolade als eine Art kleinen Nachtisch nach der Hauptmahlzeit.

Zusätzlich zu den drei grünen Säften können Sie in Phase 1 nach Belieben auch anderes trinken. Die Getränke sollten frei von Kalorien sein, vorzugsweise Wasser, schwarzer Kaffee oder grüner Tee. Rotwein kommt erst in der zweiten Woche dazu. Wir raten allerdings

dringend davon ab, von heute auf morgen von dem bisher gewohnten Kaffee-/Koffeinkonsum abzuweichen,
da sowohl eine abrupte Steigerung wie auch eine Verringerung der Menge dazu führen können, dass Sie sich
ziemlich elend fühlen.

In Grüntee marinierte Hühnchenspieße vom Grill mit Rucola-Kichererbsen-Salat

1 PORTION

1 mittelgroße Hühnerbrust, in groben Würfeln
60 g rote Zwiebeln, in groben Würfeln
1 gestr. TL Matcha
1 TL Olivenöl extra vergine
Saft von ¼–½ Zitrone, je nach Geschmack
1 Zehe Knoblauch, fein gehackt
1 cm frischer Ingwer, fein gehackt
1 TL Tamari (oder Sojasoße, falls Sie nicht auf Gluten
   verzichten)

Für den Salat

30 g Rucola
50 g Karotten, geraspelt
40 g Stangensellerie, in feinen Scheiben
35 g Kichererbsen
Saft von ½ Zitrone
1 TL Tamari (oder Sojasoße, falls Sie nicht auf Gluten
   verzichten)

1 TL Olivenöl extra vergine
1 TL Sesamsamen
1 cm frischer Ingwer, fein gerieben

Sämtliche Zutaten für die Grillspieße in einer Schüssel vermengen und zum Marinieren beiseitestellen. Je mehr Zeit Sie dem Fleisch geben, desto besser – eine Stunde wäre ideal, doch auch, wenn es nur die zehn Minuten sind, während derer Sie die anderen Komponenten zubereiten, werden es die Spieße in sich haben.

Falls Sie Holzspieße verwenden, sollten Sie diese jetzt in ein wenig Wasser einweichen. Den Grill auf höchster Stufe anheizen.

In der Zwischenzeit den Salat zubereiten. Dafür den Rucola mit den Karotten, dem Sellerie und den Kichererbsen in eine Schüssel geben. Für das Dressing den Zitronensaft mit den übrigen Zutaten verrühren. Über den Salat gießen und gut durchmischen.

Das Hühnchen und die roten Zwiebeln auf die Spieße stecken und acht bis zehn Minuten auf den Grill legen, nach der Hälfte der Zeit wenden. Mit dem Salat servieren.

Putenschnitzel in Misomarinade
mit Chilisalsa und Buchweizen

Bekommen Sie nur Putensteaks, gibt es zwei Möglichkeiten, daraus Schnitzel zu machen. Je nach Dicke können Sie sie entweder mithilfe eines Fleischhammers oder eines Nudelholzes 5 mm dünn flach klopfen. Sollte das Steak dafür zu dick sein und Sie eine ruhige Hand besitzen, schneiden Sie es einfach einmal horizontal durch, um die Hälften dann mit dem Fleischklopfer oder dem Nudelholz zu bearbeiten.

1 PORTION

20 g rotes Miso
1 TL Mirin
1 TL Olivenöl extra vergine
125–150 g Putenschnitzel oder Putenbruststeak
1 EL Kurkuma
50 g Buchweizen

Für die Salsa

130 g Tomaten
10 g rote Zwiebeln
1 TL Kapern
1 Bird Eye Chili
Saft von ½ Zitrone
1 EL Petersilie, gehackt
1 TL Olivenöl extra vergine

Das Miso mit dem Mirin und dem Olivenöl vermischen und das Schnitzel damit einreiben. Im Idealfall sollte das Fleisch etwa eine Stunde zum Marinieren beiseitegestellt werden, es kann aber auch sofort verwendet werden.

Den Grill auf höchster Stufe anheizen.

In einem Topf 500 ml Wasser mit Kurkuma zum Kochen bringen und den Buchweizen darin nach Packungsanweisung garen. Abgießen und beiseitestellen.

In der Zwischenzeit die Salsa zubereiten. Dafür die Tomaten, die roten Zwiebeln, die Kapern sowie den Chili fein hacken. Dabei darauf achten, den Saft von der Tomate aufzufangen. Mit dem Zitronensaft, der Petersilie und dem Öl vermischen.

Das Fleisch auf jeder Seite fünf Minuten grillen, ohne die Marinade zu verbrennen. Mit Salsa und Buchweizen genießen.

Arrabbiatagarnelen mit Buchweizennudeln

Die Tomatensoße aus diesem Rezept schmeckt auch wunderbar zu dem Sirt-Shakshuka von Seite 108. Bereiten Sie, um Zeit zu sparen, gleich die doppelte Menge zu. Die andere Hälfte lässt sich bis zu drei Tage lang im Kühlschrank aufbewahren.

1 PORTION

65 g Buchweizennudeln
1 TL Olivenöl extra vergine
125–150 g rohe oder gekochte Garnelen (am besten
    Riesengarnelen)

Für die Arrabbiatasoße

40 g rote Zwiebeln, fein gehackt
1 Zehe Knoblauch, fein gehackt
30 g Stangensellerie, fein gehackt
1 Bird Eye Chili, fein gehackt
1 TL Kräuter der Provence oder andere gemischte
    Trockenkräuter

1 TL Olivenöl extra vergine
2 EL Weißwein (optional)
400 g Tomatenstücke aus der Dose
1 EL Petersilie, gehackt

Als Erstes wird die Soße zubereitet. Dafür die Zwiebeln, den Knoblauch, den Sellerie, den Chili und die getrockneten Kräuter auf niedriger bis mittlerer Stufe ein bis zwei Minuten im Öl anbraten. Die Hitze ein wenig erhöhen, den Wein (falls er verwendet wird) angießen und eine Minute kochen. Die Tomaten zugeben und die Soße auf niedriger bis mittlerer Stufe 20 bis 30 Minuten einkochen lassen, bis sie eine wunderbar sämige Konsistenz hat. Sollte die Soße zu dick geworden sein, einfach ein wenig Wasser hinzufügen.

Während die Soße köchelt, in einem großen Topf Wasser zum Kochen bringen und die Nudeln nach Packungsanweisung garen. Sobald sie fertig sind, abgießen, das Olivenöl untermischen und bis zur Verwendung im Topf aufbewahren.

Werden rohe Garnelen verwendet, diese jetzt in die Soße geben und darin drei bis vier Minuten garen, bis sie rosa und nicht mehr durchsichtig sind. Bereits gegarte Garnelen können hingegen gleich mit der Petersilie zur Soße gegeben werden, danach kurz aufkochen.

Die Soße vorsichtig unter die fertigen Nudeln heben, gut durchmischen und servieren.

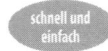

Marinierte Sirt-Miesmuscheln

1 PORTION

300 g lebende Miesmuscheln
50 g Buchweizen
30 g Grünkohl, grob gehackt
40 g rote Zwiebeln, fein gehackt
40 g Stangensellerie, fein gehackt
2 Zehen Knoblauch, fein gehackt
2 EL Petersilie, gehackt
100 ml Weißwein
1 EL Olivenöl extra vergine

Vor der Zubereitung die Muscheln zunächst von ihrem »Bart« befreien. Dabei handelt es sich um eine strähnige Membran, die sich ganz einfach abzupfen lässt. Klopfen Sie vorsichtig auf jede Muschel und werfen Sie alle weg, die sich dabei nicht schließen, da diese tot sind. Die Muscheln in ein Sieb geben und unter fließendem Wasser abspülen, um den Sand vollständig zu entfernen. Damit die Muscheln wirklich frisch sind, sollten diese möglichst noch am Kauftag verbraucht werden.

In einem Topf 750 ml Wasser zum Kochen bringen und den Buchweizen darin nach Packungsanweisung garen, dabei in den letzten fünf Minuten den Grünkohl zugeben und mitkochen. Abgießen und beiseitestellen.

Einen großen Topf mit Deckel sehr stark bis zum Rauchpunkt erhitzen. Die geputzten Muscheln hineingeben – es wird zischen und spritzen, doch das ist völlig in Ordnung. Sofort die roten Zwiebeln, den Sellerie, den Knoblauch, die Petersilie und den Wein hinzufügen. Gründlich durchrühren und den Deckel auf den Topf legen, um die Muscheln bei starker Hitze zu dämpfen.

Die Muscheln garen sehr schnell und sollten nach zwei bis drei Minuten fertig und geöffnet sein (alle noch verschlossenen wegwerfen!). Etwa alle 30 Sekunden umrühren, um die Hitze im Topf gleichmäßig zu verteilen. Achten Sie darauf, die Muscheln nicht zu verkochen, da sie ansonsten zäh und geschmacklos werden. Das Olivenöl, den Grünkohl und den Buchweizen unterrühren und alles servieren.

Gebackener Kurkuma-Lachs mit würzigem Stangensellerie

1 PORTION

1 TL Kurkuma
1 TL Olivenöl extra vergine
Saft von ¼ Zitrone
125–150 g Lachsfilet, ohne Haut

Für den würzigen Sellerie

1 TL Olivenöl extra vergine
40 g rote Zwiebeln, fein gehackt
1 Zehe Knoblauch, fein gehackt
1 cm frischer Ingwer, fein gehackt
1 Bird Eye Chili, fein gehackt
150 g Stangensellerie, in 2 cm großen Stücken
1 TL mildes Currypulver
130 g (etwa 1) Tomate, in 8 Spalten
100 ml Hühner- oder Gemüsebrühe
60 g grüne Linsen aus der Dose, abgegossen und abgespült
1 EL Petersilie, gehackt

Den Backofen auf 200 °C vorheizen.

Als Erstes wird der würzige Sellerie zubereitet. Dafür eine Pfanne auf mittlerer Stufe erhitzen, das Olivenöl zugeben, danach die Zwiebeln, den Knoblauch, den Ingwer, den Chili und den Sellerie. Das Ganze in etwa zwei bis drei Minuten leicht anbraten, bis alles weich, aber noch nicht gebräunt ist. Anschließend das Currypulver hinzufügen und eine weitere Minute braten.

Die Tomaten, die Brühe und die Linsen hinzufügen und zehn Minuten leise köcheln lassen. Sie können die Kochzeit nach Belieben verlängern oder verkürzen, je nachdem, ob Sie den Sellerie eher weich oder noch bissfest vorziehen.

In der Zwischenzeit das Kurkumapulver mit dem Öl und dem Zitronensaft vermischen und den Lachs damit einreiben. Auf ein Backblech legen und acht bis zehn Minuten im Ofen garen.

Zum Schluss die Petersilie unter das Selleriegemüse heben und mit dem Lachs servieren.

Gebratene Schweinefiletstreifen auf Pfannengemüse mit Grünkohl und Walnüssen

Das Schweinefleisch kann nach Belieben auch durch Rinderfilet oder die gleiche Menge Hühnerbrust ersetzt werden.

1 PORTION

125–150 g Schweinefilet
1 TL Olivenöl extra vergine
Saft von ¼ Zitrone
1 TL Kurkuma

Für den Buchweizen

1 EL Kurkuma
50 g Buchweizen

Für das Pfannengemüse

1 EL Olivenöl extra vergine
40 g rote Zwiebeln, fein gehackt
1 Zehe Knoblauch, fein gehackt
1 Bird Eye Chili, fein gehackt
1 cm frischer Ingwer, fein gehackt
1 TL gemahlener Kreuzkümmel
50 g Grünkohl, grob gehackt
20 g grüne Bohnen, halbiert
20 g Stangensellerie, in dünnen Ringen
100 ml Hühnerbrühe
1 TL Tamari (oder Sojasoße, falls Sie nicht auf Gluten
   verzichten)
20 g Walnüsse, gehackt
1 EL Koriandergrün, gehackt

Als Erstes den Buchweizen zubereiten: 500 ml kaltes Wasser in einem Topf mit dem Kurkuma zum Kochen bringen. Den Buchweizen darin nach Packungsanweisung garen und beiseitestellen.

Jegliches Fett von den Filets entfernen und das Fleisch in 1 cm dicke Streifen schneiden. Mit dem Olivenöl, dem Zitronensaft und dem Kurkuma vermischen. Eine Pfanne auf mittlerer Stufe erhitzen und das Fleisch darin unter gelegentlichem Wenden drei bis vier Minuten anbraten, bis es gar ist. Aus der Pfanne nehmen und auf einem Teller beiseitestellen.

Für das Pfannengemüse das Olivenöl in einer Pfanne auf niedriger Stufe erhitzen. Die roten Zwiebeln, den Knoblauch, die Chili und den Ingwer darin weich dünsten, aber nicht anbräunen, den Kreuzkümmel zugeben und eine weitere Minute mitbraten.

Den Grünkohl, die grünen Bohnen und den Sellerie zufügen, zwei bis drei Minuten sanft garen, anschließend die Brühe mit dem Tamari angießen. Einige Minuten auf niedriger bis mittlerer Stufe köcheln, bis das Gemüse weich ist. Die Walnüsse, die Korianderblätter und die gebratenen Schweinefiletstreifen dazugeben, gut durchrühren und mit dem Buchweizen servieren.

Orientalisch gewürzte Kichererbsen mit Butternut-Kürbis, Datteln und Walnüssen

1 PORTION

2 große Medjool-Datteln, entkernt und gehackt
100 ml heiße Gemüsebrühe
100 g Butternut-Kürbis
1 TL Olivenöl extra vergine
40 g rote Zwiebeln, in Scheiben geschnitten
1 Bird Eye Chili
1 Zehe Knoblauch, fein gehackt
1 TL Kurkuma
1 TL Paprikapulver
½ TL Zimt
1 TL gemahlener Kreuzkümmel
150 g Kichererbsen aus der Dose, abgegossen und
    abgespült
20 g Walnüsse, gehackt
1 EL Petersilie, gehackt
15 g Rucola

Die gehackten Datteln mit der heißen Brühe übergießen und bis zur Verwendung zum Einweichen beiseitestellen.

Den Kürbis schälen und in mundgerechte Stücke zerteilen. In einem Topf mit kochendem Wasser zehn bis 15 Minuten köcheln lassen, dabei darauf achten, dass er nicht matschig wird. Abgießen und beiseitestellen.

Einen Topf oder eine Kasserolle auf niedriger Stufe erhitzen, das Olivenöl mit den Zwiebeln, dem Chili und dem Knoblauch hineingeben und alles zwei Minuten leicht anbraten. Mit dem Kurkuma, dem Paprikapulver, dem Zimt und dem Kreuzkümmel würzen und noch etwa eine Minute weiterbraten.

Die Kichererbsen, die Walnüsse und die Dattel-Brühe-Mischung zugeben und erhitzen. Eine Minute kochen lassen, dann den Kürbis und die Petersilie hinzufügen.

Unmittelbar vor dem Servieren die Pfanne von der Herdplatte nehmen und den Rucola untermischen.

Thai-Curry mit Grünkohl, Kokos und Tofu

1 PORTION

100 ml Gemüsebrühe
1 TL Tamari (oder Sojasoße)
150 ml Kokosmilch
50 g Grünkohl, grob gehackt
30 g Karotten, grob gehackt
30 g Stangensellerie, grob gehackt
150 g fester Tofu, in 2 cm großen Würfeln
6–8 Basilikum-Blätter

Für die Currypaste

30 g rote Zwiebeln, grob gehackt
1 cm frischer Ingwer, grob gehackt
1 Zehe Knoblauch, grob gehackt
1 Bird Eye Chili, grob gehackt
1 Stängel Zitronengras, flach geklopft und grob gehackt
1 EL Petersilie, gehackt
1 TL Kurkuma
1 TL gemahlener Kreuzkümmel
1 TL Olivenöl extra vergine

Für den Buchweizen

1 EL Kurkuma
50 g Buchweizen

Sämtliche Zutaten für die Currypaste in einem Mixer zu einer feinen Paste verarbeiten.

Die Paste in einen Topf füllen und auf niedriger Stufe zwei bis drei Minute erhitzen. Die Brühe mit dem Tamari und der Kokosmilch angießen und 20 Minuten kochen.

Währenddessen 500 ml kaltes Wasser mit dem Kurkuma aufkochen und den Buchweizen darin nach Packungsanweisung garen. Beiseitestellen.

Den Grünkohl mit den Karotten und dem Sellerie zum Curry geben und weitere zehn Minuten garen. Tofu und Basilikum unterrühren, kurz aufkochen und sofort von der Herdplatte nehmen. Mit dem Buchweizen servieren.

Buchweizennudeln mit Sirt-Arrabbiatasoße

Diese Tomatensoße schmeckt auch sehr gut zu dem Sirt-Shakshuka von Seite 108. Sie können, um Zeit zu sparen, gleich die doppelte Menge zubereiten – die Soße lässt sich bis zu drei Tage im Kühlschrank aufbewahren.

1 PORTION

40 g rote Zwiebeln, fein gehackt
1 Zehe Knoblauch, fein gehackt
30 g Stangensellerie, fein gehackt
1 Bird Eye Chili, fein gehackt
2 TL Olivenöl extra vergine
1 TL Kräuter der Provence oder eine andere getrocknete
    Kräutermischung
1 EL Weißwein (optional)
400 g Tomatenstücke aus der Dose
40 g Grünkohl, grob gehackt
1 EL Petersilie, gehackt
1 TL Kapern
75 g Buchweizennudeln
1 EL Pinienkerne, geröstet

Die Zwiebeln, den Knoblauch, den Sellerie und den Chili mit den getrockneten Kräutern bei niedriger bis mittlerer Stufe in 1 Teelöffel Olivenöl zwei bis drei Minuten anbraten. Die Hitze ein wenig erhöhen, den Weißwein (falls er verwendet wird) angießen und eine Minute kochen lassen. Die Tomaten zugeben und alles bei etwas niedrigerer Stufe 20 Minuten köcheln. Anschließend den Grünkohl zugeben und weitere zehn Minuten garen. Falls die Soße zu dick wird, einfach ein wenig Wasser dazugießen. Sobald die gewünschte Konsistenz erreicht ist, die Petersilie und die Kapern untermischen.

Während die Soße köchelt, werden die Nudeln nach Packungsanweisung zubereitet. Sobald sie gar sind, abgießen, in Olivenöl wenden und bis zur Verwendung im Topf aufbewahren.

Die Nudeln mit der Soße gründlich, aber vorsichtig vermischen und mit den Pinienkernen bestreut servieren.

Bratnudeln mit Chili und Miso

1 PORTION

75 g Buchweizennudeln
2 TL Olivenöl extra vergine
5 g getrocknete Arame-Algen
25 g Misopaste
40 g rote Zwiebeln, in dünnen Ringen
40 g Stangensellerie, in dünnen Scheiben
1 Zehe Knoblauch, fein gehackt
1 cm frischer Ingwer, fein gehackt
1 Bird Eye Chili, fein gehackt
50 g Karotten, geraspelt
30 g Champignons, blättrig geschnitten
50 g Grünkohl, grob gehackt
1 EL Koriandergrün, gehackt

Die Nudeln nach Packungsanweisung zubereiten. Abgießen und mit 1 Teelöffel Olivenöl vermischt beiseitestellen.

Die Algen mit kochendem Wasser übergießen, fünf Minuten einweichen, dann abgießen. Misopaste mit 100 ml kochendem Wasser so lange verquirlen, bis sie sich aufgelöst hat.

In einer Pfanne das restliche Olivenöl erhitzen und darin die Zwiebeln, den Sellerie, den Knoblauch, den Ingwer und den Chili auf niedriger bis mittlerer Hitze ein bis zwei Minuten anbraten.
Dann die Karotten mit den Pilzen und dem Grünkohl zugeben und bei etwas stärkerer Hitze zwei bis drei Minuten garen.

Die Nudeln unterheben und noch etwa eine weitere Minute mitbraten lassen. Dabei fortwährend rühren, damit die Nudeln nicht am Pfannenboden haften bleiben. Die Misobrühe angießen, aufkochen, von der Kochstelle nehmen und eine Minute stehen lassen – die Nudeln sollten die restliche Flüssigkeit größtenteils aufgesogen haben. Mit den gehackten Korianderblättern und den Arame-Algen vermischt servieren.

Geschmorte Puy-Linsen mit Grünkohl und langsam gerösteten Kirschtomaten

1 PORTION

8 Kirschtomaten, halbiert

2 TL Olivenöl extra vergine

40 g rote Zwiebeln, in Ringen

1 Zehe Knoblauch, fein gehackt

40 g Stangensellerie, in dünnen Scheiben

40 g Karotten, in dünnen Scheiben

1 TL Paprikapulver

1 TL Thymian (frisch oder getrocknet)

75 g getrocknete Puy-Linsen

220 ml Gemüsebrühe

50 g Grünkohl, grob gehackt

1 EL Petersilie, gehackt

20 g Rucola

Den Backofen auf 120 °C vorheizen.

Die Tomaten in einer kleinen Auflaufform 35 bis 45 Minuten im Ofen rösten.

Einen Topf auf niedriger bis mittlerer Stufe erhitzen. 1 Teelöffel Olivenöl zugeben und darin in etwa ein bis zwei Minuten die roten Zwiebeln, den Knoblauch, den Sellerie und die Karotten weich dünsten. Mit dem Paprikapulver und dem Thymian würzen und alles eine weitere Minute dünsten.

In einem feinen Haarsieb unter klarem Wasser die Linsen abspülen und mit der Brühe in den Topf geben. Zum Kochen bringen, dann die Hitze reduzieren und alles im geschlossenen Topf 20 Minuten sanft köcheln lassen. Etwa alle sieben Minuten umrühren, bei Bedarf ein wenig Wasser zugeben.

Den Grünkohl hinzufügen und weitere zehn Minuten köcheln. Sobald die Linsen gar sind, die Petersilie und die gerösteten Tomatenhälften untermischen. Den Rucola mit dem restlichen Olivenöl besprenkeln und mit dem Linsengericht servieren.

In Grüntee marinierte Tofuspieße mit Rucola-Meeresalgen-Salat

1 PORTION

150 g fester Tofu, in groben Würfeln
60 g rote Zwiebeln, in groben Würfeln
1 gestr. TL Matcha Grünteepulver
1 TL Olivenöl extra vergine
Saft von ¼–½ Zitrone, je nach Geschmack
1 Zehe Knoblauch, fein gehackt
1 cm frischer Ingwer, fein gehackt
1 TL Tamari (oder Sojasoße, falls Sie nicht auf Gluten
   verzichten)

Für den Salat

7 g Arame-Algen
Saft von ½ Limette
1 TL Tamari (oder Sojasoße, falls Sie nicht auf Gluten
   verzichten)
1 TL Olivenöl extra vergine
1 TL Sesamsamen
1 cm frischer Ingwer, fein gerieben

50 g Karotten, geraspelt
40 g Stangensellerie, in dünnen Scheiben
40 g Rucola

Für die Spieße den Tofu und die roten Zwiebeln mit den übrigen Zutaten mischen. Je länger Sie den Tofu marinieren, desto besser. Ideal wäre eine Stunde, doch auch wenn es nur zehn Minuten sind, während derer Sie die anderen Komponenten zubereiten, werden es die Spieße in sich haben.

Sind die Spieße aus Holz, sollten sie jetzt in ein wenig Wasser eingeweicht werden. Den Grill auf höchster Stufe anheizen.

Die Arame-Algen mit kochendem Wasser übergießen und fünf Minuten einweichen lassen. Danach abgießen und gründlich ausdrücken.

Für das Dressing den Limettensaft mit dem Tamari, dem Olivenöl und den Sesamsamen verquirlen. Den möglichst fein geriebenen Ingwer zugeben.

Die Tofu- und Zwiebelwürfel abwechselnd auf die Spieße stecken und acht bis zehn Minuten grillen. Nach der Hälfte der Zeit wenden.

Die Karotten mit dem Sellerie und dem Rucola in eine Schüssel geben. Sobald die Spieße fertig sind, das Dressing unter den Salat mischen und alles servieren.

Phase 1:
4.–7. Tag

Nun, da Sie die ersten drei Tage von Phase 1 hinter sich gebracht haben, sind Sie auf dem allerbesten Weg zu sirtuinem Erfolg. In der Tat haben Sie den schwierigsten Part bereits geschafft, denn in den nächsten vier Tagen werden Sie wieder mehr feste Nahrung zu sich nehmen. Dafür können Sie einen der grünen Säfte weglassen und eine zweite Mahlzeit einführen. Sie dürfen in diesem Zeitraum bis zu 1.500 Kalorien täglich zu sich nehmen, die sich folgendermaßen zusammensetzen:

- 2 grüne Sirtfoodsäfte (siehe Seite 48)
- 2 Hauptmahlzeiten

Die grünen Säfte sollte man wie gehabt möglichst über den Tag verteilt trinken. Wir empfehlen, einen gleich in der Früh, direkt nach dem Aufstehen oder am Vormittag, und den anderen am Nachmittag zu trinken. Wie zuvor gilt, dass sie mindestens eine Stunde vor oder zwei Stunden nach einer Mahlzeit verzehrt werden sollten.

Die gute Nachricht: Sie dürfen sich ab jetzt zwei köstliche, mit Sirtfoods vollgepackte Mahlzeiten pro Tag genehmigen. Die meisten nehmen die erste Mahlzeit im Laufe des Tages und die zweite als Abendessen ein. Sie können es jedoch auch anders handhaben und dann essen, wenn es am besten in Ihre Tagesplanung passt.

Die Tagesmahlzeit kann als Frühstück, Brunch oder

Mittagessen verzehrt werden, so wie es für Sie am besten funktioniert. Sie brauchen sich dafür lediglich ein beliebiges Gericht aus der »Mahlzeit 1«-Rubrik dieses Kapitels auszusuchen. Für das Abendessen wählen Sie entsprechend ein Gericht aus der Rubrik »Mahlzeit 2«.

Mahlzeit 1

Walnuss-Buchweizenporridge mit Datteln und Erdbeeren

Um das Porridge mit noch mehr Sirtfoodqualitäten anzureichern, können Sie 1 Teelöffel Kakaopulver oder 1 Teelöffel Kurkuma in die Milch rühren.

1 PORTION

200 ml Milch oder eine pflanzliche Alternative
1 Medjool-Dattel, entkernt und gehackt
35 g Buchweizenflocken
1 TL Walnussbutter oder 4 Walnusshälften, gehackt
50 g Erdbeeren, geputzt

In einem Topf die Milch mit den Dattelstücken sanft erhitzen, die Buchweizenflocken zugeben und kochen, bis das Porridge die gewünschte Konsistenz erreicht hat.

Die Walnussbutter oder die gehackten Walnüsse unterrühren und mit den Erdbeeren garniert servieren.

Sirt-Shakshuka (gebackene Eier mit würziger Tomatensoße und Grünkohl)

Auch wenn es sich hier nicht um genau dasselbe Rezept wie bei der Sirt-Arrabbiatasoße handelt, sind sich die beiden doch so ähnlich, dass sie jeweils austauschbar sind. Sie sparen daher eine Menge Zeit, wenn Sie gleich einen Vorrat davon zubereiten. Falls Sie das Shakshuka von Grund auf frisch kochen, bereiten Sie die Soße möglichst noch am Vorabend zu, um den Zeitaufwand für den nächsten Morgen gering zu halten.

Besonders gut gelingt dieses Rezept in einer kleinen Bratpfanne mit hohem Rand. Essen Sie das Shakshuka ruhig direkt aus der Pfanne, so schmeckt's am besten!

1 PORTION

1 TL Olivenöl extra vergine

40 g rote Zwiebeln, gehackt

1 Zehe Knoblauch, gehackt

30 g Stangensellerie, fein gehackt

1 Bird Eye Chili, fein gehackt

1 TL gemahlener Kreuzkümmel

1 TL Kurkuma

1 TL Paprikapulver
400 g Tomatenstücke aus der Dose
30 g Grünkohl, die dicken Blattrippen entfernt und grob
  gehackt
1 EL Petersilie, gehackt
2 mittelgroße Eier

Eine kleine, tiefe Pfanne bei niedriger bis mittlerer Stufe erhitzen. Das Öl hineingeben und die Zwiebeln, den Knoblauch, den Sellerie, den Chili und die Gewürze ein bis zwei Minuten darin anbraten.
Anschließend die Tomaten zugeben und 20 Minuten köcheln lassen, dabei gelegentlich umrühren.

Den Grünkohl hinzufügen und weitere fünf Minuten garen. Sollte die Soße zu dick werden, einfach etwas Wasser angießen. Sobald die Soße die gewünschte sämige Konsistenz hat, die Petersilie unterrühren.

Zwei Vertiefungen in der Soße bilden und je ein Ei hineinschlagen. Die Hitze auf niedrigste Stufe reduzieren und die Pfanne mit einem Deckel oder Alufolie bedecken. Die Eier zehn bis zwölf Minuten garen, bis das Eiweiß fest, das Eigelb aber noch flüssig ist. Wird das Eigelb fest bevorzugt, verlängert sich die Garzeit um drei bis vier Minuten. Sofort servieren – idealerweise direkt in der Pfanne.

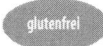

Rucola-Räucherlachs-Omelett

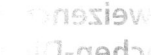

1 PORTION

2 mittelgroße Eier
100 g Räucherlachs, in Scheiben
½ TL Kapern
10 g Rucola, gehackt
1 TL Petersile, gehackt
1 TL Olivenöl extra vergine

Die Eier in eine Schüssel schlagen und gut verquirlen. Den Lachs, die Kapern, den Rucola und die Petersilie unter die Eimasse heben.

Das Öl in einer antihaftbeschichteten Pfanne erhitzen – die Pfanne sollte heiß sein, aber nicht rauchen. Die Eiermischung hineingießen und mithilfe eines Pfannenwenders gleichmäßig verteilen. Die Masse während des Garvorgangs in Bewegung halten, bis die Oberfläche des Omeletts eine gerade Ebene gebildet hat. Die Hitze reduzieren und die Eimasse stocken lassen. Mit dem Pfannenwender den Rand des Omeletts von der Pfanne lösen und das Omelett zusammengeklappt oder aufgerollt servieren.

Buchweizencracker mit Avocado-Hühnchen-Dip und Rucola

1 PORTION

½ Avocado
Saft von ¼ Zitrone
1 TL Olivenöl extra vergine
20 g Stangensellerie, in Würfeln
20 g rote Zwiebeln, in Würfeln
100 g gegarte Hühnerbrust, in mundgerechte Stücke zerteilt
2–3 Buchweizencracker (gekauft oder selbst gemacht, siehe
    Seite 216)
10 g Rucola, gehackt

Die Avocado schälen, entkernen und mit der Rückseite einer Gabel zerdrücken. Mit dem Zitronensaft, dem Olivenöl, dem Sellerie und den roten Zwiebeln sorgfältig vermischen.

Das Hühnchenfleisch unterheben. Die Mischung auf den Crackern verteilen und mit dem Rucola bestreuen.

Buchweizen-Gallo-Pinto (Spiegeleier mit würzigem Buchweizen und Bohnen)

Dieses Rezept eignet sich hervorragend, um aus übrig gebliebenem Buchweizen ein klassisches, äußerst leckeres Gericht aus Costa Rica zu zaubern.

1 PORTION

2 TL Olivenöl extra vergine
30 g rote Zwiebeln, in Würfeln
30 g Stangensellerie, in Würfeln
15 g Grünkohl, die dicken Blattrippen entfernt und gehackt
1 Bird Eye Chili, gehackt
1 TL Paprikapulver
1 TL Kurkuma
60 g Buchweizen, gekocht
50 g schwarze oder Kidney-Bohnen aus der Dose, abgegossen und gut abgespült
1 EL Korianderblätter, gehackt
2 mittelgroße Eier

1 Teelöffel Olivenöl in einem kleinen Topf bei niedriger bis mittlerer Temperatur erhitzen und die roten Zwiebeln, den

Sellerie, den Grünkohl und den Chili darin in zwei bis drei Minuten weich dünsten. Die Gewürze zugeben und eine Minute mitbraten.

Den Buchweizen mit den Bohnen und einem Schuss Wasser hinzufügen und alles gut erhitzen.

Zwischenzeitlich die Eier zubereiten. Dafür in einer Bratpfanne 1 Teelöffel Olivenöl bei mittlerer Stufe erhitzen und die Spiegeleier darin zubereiten. Auf der Buchweizen-Bohnen-Mischung servieren.

vegan · glutenfrei · frei von Milchprodukten · schnell und einfach · auf Vorrat kochen

Chili-Kurkuma-Hummus

Dieses Hummus schmeckt besonders lecker zu Sellerie-sticks und selbst gemachten Buchweizen-Saaten-Crackern (siehe Seite 216). Alternativ können Sie das Hummus statt mit Kurkuma und Chili auch mit 5 g gehackter Petersilie, 10 g gehacktem Rucola und 1 Teelöffel Kapern vermischt probieren.

2 PORTIONEN

400 g Kichererbsen aus der Dose, abgegossen und abgespült
2 EL Tahin
1 EL Olivenöl extra vergine
Saft von 1 Zitrone
50 ml Wasser
1 Bird Eye Chili, gehackt
1 TL Kurkuma

Sämtliche Zutaten in eine Küchenmaschine geben und in zwei bis drei Minuten zu einer geschmeidigen Masse ver-arbeiten. Je nach gewünschter Konsistenz müssen Sie even-tuell noch ein wenig Wasser hinzufügen.

   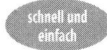

Tofu-Rühreier mit Grünkohl, roten Zwiebeln und Tomaten

1 PORTION

100 g besonders fester Tofu
30 g Grünkohl, die dicken Blattrippen entfernt und gehackt
1 TL Kurkuma
1 TL Olivenöl extra vergine
20 g rote Zwiebeln, in Scheiben
20 g Sellerie, in Scheiben
½ Bird Eye Chili, in Scheiben
5 Kirschtomaten, halbiert
5 g Petersilie, gehackt

Den Tofu in Küchenrolle hüllen und einen schweren Gegenstand darauf platzieren, um die Flüssigkeit herauszupressen.

Den Grünkohl zwei bis drei Minuten dämpfen.

Kurkuma mit etwas Wasser zu einer dünnen Paste verrühren.

In einer Pfanne das Öl auf mittlerer Stufe erhitzen und die Zwiebeln, den Sellerie und den Chili in zwei bis drei Minuten goldgelb anbraten.

Den Tofu mit den Fingern in mundgerechte Stücke brechen und mit den Kirschtomaten in die Pfanne geben; die Gewürzmischung darüberträufeln und alles gründlich verrühren. Den Grünkohl hinzufügen und alles unter Rühren so lange braten, bis der Tofu leicht gebräunt ist. Zum Schluss die Petersilie unterheben und servieren.

 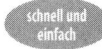

Räucherforelle mit Kapernhüttenkäse auf Buchweizencrackern

1 PORTION

50 g Hüttenkäse
1 TL Kapern
1 TL Petersilie, gehackt
20 g rote Zwiebeln, in Würfeln
2–3 Buchweizencracker (gekauft oder selbst gemacht,
   siehe Seite 216)
10 g Rucola
75 g Räucherforelle, in Scheiben
1 Spritzer Zitronensaft

Den Hüttenkäse in einer Schüssel mit den Kapern, der Petersilie und den roten Zwiebeln verrühren.

Die Cracker mit der Masse bestreichen und mit Rucola und Räucherforelle belegen. Mit Zitronensaft besprenkeln und servieren.

Grünkohlsuppe mit gerösteten Walnüssen

Die Suppe wird an sich bereits als eher sättigend empfunden, dennoch können Sie ein paar selbst gemachte Buchweizen-Saaten-Cracker (siehe Seite 216) dazu reichen, wenn Ihnen danach ist.

1 PORTION

2 TL Olivenöl extra vergine
30 g rote Zwiebeln, in dünnen Ringen
30 g Sellerie, in Scheiben
1 Zehe Knoblauch, in Scheibchen
1 TL getrockneter Thymian
75 g weiße Bohnen (wie Cannellini oder Haricot),
    aus der Dose oder selbst gekocht
500 ml Gemüsebrühe
50 g Grünkohl, grob gehackt
4 Walnusshälften, gehackt

1 Teelöffel Olivenöl in einem mittelgroßen Topf bei niedriger bis mittlerer Stufe erhitzen und darin die Zwiebeln, den Sellerie und den Knoblauch in zwei bis drei Minuten weich dünsten. Nun Thymian, Bohnen und Brühe zugeben und zum

Kochen bringen. Bei niedriger Hitze 25 Minuten köcheln lassen, dann den Grünkohl hinzufügen und das Ganze weitere zehn Minuten köcheln lassen. Sobald das Gemüse gar ist, alles mit einem Mixer pürieren, bis die Suppe eine geschmeidige Konsistenz hat. Ist die Suppe zu dick, einfach ein wenig Wasser dazugießen. Sollte sie vor dem Pürieren noch zu wässrig sein, die Hitze erhöhen und das Ganze bis zur gewünschten Sämigkeit einkochen lassen.

Während die Suppe kocht, den Ofen auf 160 °C vorheizen; anschließend darin die Walnüsse in zehn bis 15 Minuten goldgelb rösten. Immer wieder nach ihnen sehen, da die Nüsse schnell verbrennen.

Die fertige Suppe mit 1 Teelöffel Olivenöl besprenkelt und den Walnüssen bestreut servieren.

Würzige Linsen-Gemüse-Suppe

Die Suppe ist an sich bereits relativ sättigend, dennoch können Sie ein paar selbst gemachte Buchweizen-Saaten-Cracker (siehe Seite 216) dazu reichen, wenn Ihnen danach ist.

1 PORTION

1 TL Olivenöl extra vergine, plus ein wenig zum
  Besprenkeln
30 g rote Zwiebeln, in Würfeln
30 g Stangensellerie, in Würfeln
30 g Karotten, in Würfeln
1 Bird Eye Chili, gehackt
1 Zehe Knoblauch, gehackt
1 TL Kurkuma
1 TL Currypulver
500 ml Gemüsebrühe
50 g rote Linsen
1 TL Petersilie, gehackt

Das Olivenöl in einem kleinen Topf bei niedriger bis mittlerer Stufe erhitzen. Darin die Zwiebeln, den Sellerie und die Karotten zwei bis drei Minuten dünsten, bis alles anfängt, weich zu werden. Den Chili, den Knoblauch und die Gewürze zugeben und eine Minute mitbraten lassen.

Die Gemüsebrühe angießen, Linsen einrühren und alles zum Kochen bringen. Unter gelegentlichem Rühren, damit nichts am Topfboden haften bleibt, 30 Minuten sanft köcheln lassen.

Sobald sich die Linsen aufgelöst haben und die Suppe eine sämige Konsistenz hat, die Petersilie unterrühren und mit einem Spritzer Olivenöl servieren.

Sirt-Coronation-Chicken-Salat

1 PORTION

75 g Naturjoghurt
Saft von ¼ Zitrone
1 TL Korianderblätter, gehackt
1 TL Kurkuma
½ TL mildes Currypulver
100 g gegarte Hühnerbrust, in mundgerechte Stücke
   zerteilt
6 Walnusshälften, gehackt
1 Medjool-Dattel, fein gehackt
20 g rote Zwiebeln, in Würfeln
1 Bird Eye Chili, gehackt
40 g Rucola

Den Joghurt mit dem Zitronensaft, dem Koriandergrün und den Gewürzen in einer Schüssel vermischen. Die übrigen Zutaten unterheben und auf einem Bett aus Rucola servieren.

Thunfisch-Chicorée-Schiffchen

1 PORTION

1 Dose Thunfisch (150 g, in Öl oder eigenem Saft),
   abgegossen
20 g rote Zwiebeln, in Würfeln
20 g Sellerie, in Würfeln
1 TL Kapern
1 TL Petersilie, gehackt
Saft von ¼ Zitrone
1 TL Olivenöl extra vergine
1 Kopf Chicorée
5–6 Walnusshälften, gehackt

Den Thunfisch mit den Zwiebeln, dem Sellerie, den Kapern,
der Petersilie, dem Zitronensaft und dem Olivenöl in eine
Schüssel geben und gut vermischen.

Keilförmig den Strunk vom Chicorée herausschneiden und
die Blätter abtrennen. Mit einem Löffel den Thunfisch auf so
viele Blätter wie möglich verteilen und mit den gehackten
Walnüssen bestreuen.

Käse-Frittata mit Grünkohl und roten Zwiebeln

Diese Frittata gelingt am besten in einer antihaftbeschichteten Bratpfanne.

1 PORTION

3 mittelgroße Eier
1 TL Olivenöl extra vergine
40 g rote Zwiebeln, in Ringen
40 g Grünkohl, die dicken Blattrippen entfernt und gehackt
1 kleine Zehe Knoblauch
½ TL Kräuter der Provence
1 TL Petersilie, gehackt
20 g Käse (zum Beispiel Feta, Cheddar, Mozzarella oder
  Parmesan)
40 g Rucola (optional)

Den Backofen auf 180 °C vorheizen.

Die Eier in eine Schüssel schlagen und verquirlen.

Das Olivenöl in einer backofengeeigneten Pfanne bei niedriger bis mittlerer Stufe erhitzen und darin die Zwiebeln, den

Grünkohl und den Knoblauch in drei bis vier Minuten weich dünsten.

Das gegarte Gemüse unter die Eiermischung heben. Die Kräuter und die Petersilie zugeben und alles gut verrühren. Den Käse in die Mischung reiben oder bröckeln, je nach persönlicher Vorliebe.

Die Pfanne zurück auf die Herdplatte stellen und stark erhitzen. Die Eiermischung hineingießen und 30 Sekunden braten, bis sie sich vom Pfannenrand zu lösen beginnt.

Dann die Pfanne für etwa 15 Minuten in den heißen Ofen stellen, bis das Ei gestockt ist. Sollte es in der Mitte noch ein wenig flüssig sein, einfach vor dem Servieren für fünf Minuten beiseitestellen, die Restwärme reicht aus, um die Frittata zu garen.

Nach Belieben mit ein wenig Olivenöl beträufeln und mit Rucolablättern garnieren.

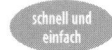

Zitronen-Kräuter-Sardinen auf Rucola-Avocado-Salat mit Kapern

1 PORTION

Saft von ½ Zitrone
30 g rote Zwiebeln, in Scheiben geschnitten
30 g Stangensellerie, in Scheiben geschnitten
½ Avocado
40 g Rucola
1 TL Kapern
2 Walnusshälften, gehackt
1 TL Olivenöl extra vergine
120 g Sardinen aus der Dose, abgegossen (idealerweise ohne Gräten, in Olivenöl oder eigenem Saft)
1 EL Petersilie, gehackt

Die Hälfte des Zitronensafts mit den roten Zwiebeln und dem Sellerie vermengen. Die Avocado in Scheiben schneiden und mit dem Rucola, den Kapern, den Walnüssen und dem Olivenöl mischen.

Die Sardinen mit der Petersilie und dem restlichen Zitronensaft verrühren und auf der Avocado-Rucola-Mischung verteilen.

  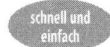

Bohnen-Meeresalgen-Salat mit Misodressing

1 PORTION

100 g gemischte Bohnen (aus der Dose oder selbst gekocht),
    abgegossen und abgespült
5 g Arame- oder Wakame-Algen, nach Packungsanweisung
    zubereitet
20 g rote Zwiebeln, in Ringen
30 g Salatgurke, in Würfeln
20 g Stangensellerie, in Scheiben
40 g Rucola

Für das Misodressing

1 EL Misopaste
1 TL Olivenöl extra vergine
1 TL Reis- oder Weißweinessig
Saft von ½ Limette
1 TL Korianderblätter, gehackt
1 TL Sesamsamen

Zunächst das Dressing zubereiten: Dafür alle Zutaten verquirlen und beiseitestellen.

Sämtliche Salatzutaten bis auf den Rucola in einer Schüssel vermengen. Das Misodressing unterheben und alles auf einem Bett aus Rucola servieren.

Weiße-Bohnen-Salat mit Grünkohl und sonnengetrockneten Tomaten

1 PORTION

30 g Grünkohl, die dicken Blattrippen entfernt und gehackt

1 EL Kürbiskerne

100 g Bohnen (wie Cannellini oder Haricot), selbst gekocht
   oder aus der Dose

25 g sonnengetrocknete Tomaten, fein gehackt

1 TL Petersilie, gehackt

20 g rote Zwiebeln, in Würfeln

20 g Stangensellerie, in Scheiben geschnitten

½ Rote Bete, in Würfeln

10 g schwarze Oliven, ohne Kern

Saft von ½ Zitrone

1 TL Olivenöl extra vergine

40 g Rucola

Den Grünkohl etwa fünf Minuten dünsten oder kochen, bis er
weich ist. Abgießen und beiseitestellen.

Währenddessen die Kürbiskerne ohne Öl in einer Pfanne
anrösten, herausnehmen und beiseitestellen.

129

Die Bohnen mit den Tomaten, der Petersilie, den Zwiebeln, dem Sellerie, der Roten Bete und den Oliven in eine Schüssel geben. Den Zitronensaft und das Olivenöl zugeben und alles gut vermischen.

Den Grünkohl unter den Salat heben und auf einem Bett aus Rucola, mit Kürbiskernen bestreut, servieren.

Mahlzeit 2

Soße

Hühnchenspieße mit Satay-Soße und Buchweizen

Sollten Sie Holzspieße für dieses Gericht verwenden, weichen Sie diese zehn bis 15 Minuten vor ihrer Verwendung ein, damit sie beim Grillen nicht verbrennen.

1 PORTION

150 g Hühnerbrust, in grobe Würfel geschnitten
1 TL Kurkuma
½ TL Olivenöl extra vergine
50 g Buchweizen
30 g Grünkohl, die dicken Blattrippen entfernt und gehackt
30 g Stangensellerie, in Scheiben geschnitten
4 Walnusshälften, gehackt

Für die Soße

1 TL Olivenöl extra vergine
20 g rote Zwiebeln, in Würfeln
1 Zehe Knoblauch, gehackt

1 TL Currypulver
1 TL Kurkuma
50 ml Hühnerbrühe
150 ml Kokosmilch
1 EL Walnussbutter (gekauft oder selbst gemacht,
   siehe Seite 220) oder Erdnussbutter
1 EL Korianderblätter, gehackt

Das Hühnchen mit dem Kurkuma und dem Olivenöl vermischen und zum Marinieren beiseitestellen – ideal wären
30 Minuten bis zu 1 Stunde, kürzer geht aber auch, falls sich
das zeitlich schlecht einrichten lässt.

Den Buchweizen nach Packungsanweisung kochen, den
Grünkohl und den Sellerie in den letzten fünf bis sieben
Minuten mitgaren. Abgießen.

Den Grill auf höchster Stufe vorheizen.

Für die Soße das Olivenöl sanft erhitzen und die roten Zwiebeln mit dem Knoblauch in zwei bis drei Minuten darin weich
dünsten. Die Gewürze zugeben und eine weitere Minute
braten. Die Brühe und die Kokosmilch angießen, aufkochen
lassen, dann die Walnussbutter zugeben und verrühren.
Die Hitze reduzieren und die Soße acht bis zehn Minuten
köcheln lassen, bis sie schön sämig ist.

Währenddessen das Hühnchenfleisch auf die Spieße stecken und für zehn Minuten unter den heißen Grill legen, dabei nach fünf Minuten wenden.

Die Korianderblätter in die Soße rühren, über die Spieße gießen und mit den gehackten Walnüssen bestreut servieren.

Gebackener Kabeljau mit Grünkohl, Chicorée und weißen Bohnen

1 PORTION

150 g Kabeljaufilet
½ TL Olivenöl extra vergine
1 TL Petersilie, gehackt

Für die Bohnen

50 g Grünkohl, die dicken Blattrippen entfernt und in Streifen
geschnitten
1 TL Olivenöl extra vergine
30 g rote Zwiebeln, in Ringen
1 Zehe Knoblauch, gehackt
100 ml Gemüsebrühe
75 g weiße Bohnen (wie Cannellini oder Haricot), selbst
gekocht oder aus der Dose
1 Kopf Chicorée, längs halbiert und in Scheiben geschnitten

Den Ofen auf 200 °C vorheizen. Ein kleines Backblech mit
Backpapier auslegen.

Den Grünkohl in fünf bis sieben Minuten weich dämpfen oder kochen, anschließend beiseitestellen.

Den Fisch mit dem Olivenöl und der Petersilie einreiben, auf das vorbereitete Backblech legen und für zehn Minuten in den Ofen geben.

Währenddessen in einem kleinen Topf das Olivenöl bei niedriger bis mittlerer Stufe erhitzen und die roten Zwiebeln mit dem Knoblauch zwei bis drei Minuten darin weich dünsten. Die Brühe und die Bohnen zugeben und zum Kochen bringen. Den Chicorée hineinlegen und ein paar Minuten mitgaren lassen, dabei darauf achten, ihn nicht zu verkochen.

Den Grünkohl unterrühren und mit dem Fisch servieren.

Gebackener Tofu und Chicorée in Chilisoße mit Rucola-Walnuss-Salat

1 PORTION

1 TL Olivenöl extra vergine
30 g rote Zwiebeln, in Würfeln
30 g Stangensellerie, in Würfeln
1 Zehe Knoblauch, gehackt
1 Bird Eye Chili, gehackt
1 TL Thymian (frisch oder getrocknet)
400 g Tomaten aus der Dose
150 g Seidentofu, in kleine Würfel geschnitten
1 EL Petersilie, gehackt
2 Köpfe Chicorée, längs geviertelt

Für den Salat

35 g Rucola
1 TL Kapern
6 Walnusshälften, gehackt
1 TL Olivenöl extra vergine
1 TL Balsamico-Essig

Den Backofen auf 200 °C vorheizen.

In einem mittelgroßen Topf das Olivenöl bei niedriger bis mittlerer Stufe erhitzen und die roten Zwiebeln, den Sellerie, den Knoblauch, den Chili und den Thymian in zwei bis drei Minuten darin weich dünsten.
Die Tomaten zugeben und zum Kochen bringen. Die Dose mit ein wenig Wasser ausschwenken und die Flüssigkeit ebenfalls in den Topf gießen. Alles etwa zehn bis 15 Minuten köcheln lassen.

Den Tofu und die Petersilie unter die Soße heben, dabei darauf achten, dass sich der Tofu nicht auflöst.

Eine ofenfeste Form mit den Chicoréevierteln auslegen und die Backofentemperatur auf 220 °C erhöhen. Die Soße über dem Chicorée verteilen und alles acht bis zehn Minuten backen, bis der Chicorée weich ist.

In der Zwischenzeit die Zutaten für den Salat in einer Schüssel vermengen. Mit dem Chicorée servieren.

Asiatisch marinierter Tofu auf Arame-Buchweizen mit Satay-Soße

Sollten Sie Holzspieße für dieses Rezept verwenden, weichen Sie diese zehn bis 15 Minuten vor der Verwendung ein, damit sie nicht verbrennen.

1 PORTION

150 g fester Tofu
½ TL Olivenöl extra vergine
1 TL Tamari (oder Sojasoße, falls Sie nicht auf Gluten
    verzichten)
1 TL Kurkuma
50 g Buchweizen
5 g Arame-Algen
2 Walnusshälften, gehackt (optional)

Für die Soße

20 g rote Zwiebeln, in Würfeln
1 Zehe Knoblauch, gehackt
1 TL Olivenöl extra vergine

1 TL Kurkuma
1 TL Currypulver
50 ml Gemüsebrühe
150 ml Kokosmilch
1 EL Walnussbutter (gekauft oder selbst gemacht,
    siehe Seite 220) oder Erdnussbutter
1 EL Korianderblätter, gehackt

Den Tofu von Flüssigkeit befreien und mit einem Küchenpapier trocken tupfen. Anschließend in mundgerechte
Stücke schneiden und mit dem Olivenöl, dem Tamari und
dem Kurkuma vermischen. Zum Marinieren beiseitestellen.

Den Buchweizen und die Arame-Algen nach Packungsanweisung zubereiten, dann abgießen und vermengen.

Den Grill auf höchster Stufe vorheizen.

Für die Soße die roten Zwiebeln und den Knoblauch zwei bis
drei Minuten in dem Olivenöl weich dünsten. Die Gewürze
zufügen und eine Minute mitbraten. Die Brühe mit der
Kokosmilch angießen und alles aufkochen, dann die Walnussbutter unterrühren. Die Soße bei reduzierter Hitze in
etwa acht bis zehn Minuten sämig kochen, anschließend die
Korianderblätter unterheben.

Die Tofustücke auf einen Spieß stecken und acht bis zehn Minuten grillen. Nach der Hälfte der Zeit wenden. Sobald der Tofu goldgelb gebräunt ist, sind die Spieße fertig.

Auf einem Bett aus Buchweizen anrichten und mit der Soße beträufeln. Nach Belieben mit gehackten Walnüssen bestreuen und servieren.

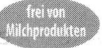 

Schnelle Thunfischnudeln

1 PORTION

75 g Buchweizennudeln
30 g rote Zwiebeln, in Ringen
30 g Stangensellerie, in Scheiben
30 g Grünkohl, die dicken Blattrippen entfernt und in feine
   Streifen geschnitten
1 Zehe Knoblauch, gehackt
1 TL Kräuter der Provence
1 TL Olivenöl extra vergine
100 ml Gemüsebrühe
1 EL Petersilie, gehackt
1 TL Kapern
150 g Thunfisch aus der Dose (in Öl oder eigenem Saft),
   abgegossen

Die Nudeln nach Packungsanweisung kochen.

Währenddessen die Zwiebeln, den Sellerie, den Grünkohl,
den Knoblauch und die getrockneten Kräuter bei niedriger
bis mittlerer Stufe in drei bis vier Minuten im Olivenöl weich
dünsten.

Die Brühe zugeben und ein paar Minuten auf gleicher Stufe kochen lassen. Sobald das Gemüse die gewünschte Garstufe erreicht hat, die Petersilie, die Kapern und den Thunfisch untermischen.

Die gekochten Nudeln dazugeben, alles erhitzen und servieren.

Thai-Pfannengemüse mit Garnelen oder Hühnchen auf Buchweizen

Für die Currypaste in diesem Rezept werden sehr viele Zutaten benötigt, doch lassen Sie sich davon bitte nicht abschrecken. Falls Sie eine Küchenmaschine besitzen, so wird diese die harte Arbeit der Pastenherstellung für Sie übernehmen. Sollten Sie kein frisches Zitronengras bekommen, können Sie es einfach weglassen.

1 PORTION

50 g Buchweizen

1 TL Kurkuma

125 g Hühnerbrust, in Streifen oder mundgerechte Stücke zerteilt oder

125 g rohe Riesengarnelen, geschält und entdarmt

40 g Stangensellerie, in schräge, 1 cm dicke Scheiben geschnitten

25 g Grünkohl, die dicken Blattrippen entfernt und in Streifen geschnitten

100 ml Hühnerbrühe

4–5 Basilikum-Blätter

Für die Currypaste

30 g rote Zwiebeln, gehackt
1 Stängel Zitronengras, flach geklopft und grob gehackt
1 Zehe Knoblauch, gehackt
1 Bird Eye Chili, gehackt
1 TL Kurkuma
1 TL gemahlener Kreuzkümmel
1 cm frischer Ingwer, gehackt
1 TL Olivenöl extra vergine
1 EL Petersilie, gehackt
1 TL Fischsoße, Sojasoße oder Tamari

In einem Topf Wasser und Kurkuma langsam zum Kochen bringen und den Buchweizen darin garen lassen.

Sämtliche Zutaten für die Paste in eine Küchenmaschine geben und zu einer geschmeidigen Paste verarbeiten.

Die Paste auf mittlerer Stufe in einer Pfanne erhitzen. Das Hühnchen oder die Garnelen mit dem Sellerie und dem Grünkohl darin vier bis fünf Minuten anbraten, bis das Hühnchen beziehungsweise die Garnelen gar sind. Die Brühe angießen und weitere ein bis zwei Minuten sieden lassen.

Die Basilikum-Blätter zerpflücken, untermischen und alles mit dem Buchweizen servieren.

Gegrillte Putenschnitzel in Walnuss-Kräuter-Cheddar-Kruste

Gibt es nur Putensteaks, haben Sie zwei Möglichkeiten, daraus Schnitzel zu machen. Je nach Dicke können Sie sie entweder mithilfe eines Fleischhammers oder eines Nudelholzes 5 mm dünn flachklopfen. Sollte das Steak dafür zu dick sein und Sie eine ruhige Hand besitzen, schneiden Sie es einfach einmal horizontal durch, um die Hälften dann mit dem Fleischklopfer oder dem Nudelholz zu bearbeiten.

1 PORTION

150 g Putenschnitzel oder Putensteaks
½ TL Olivenöl extra vergine
10 g Cheddar-Käse, gerieben
1 EL Petersilie, gehackt
10 g rote Zwiebeln, in Würfeln
10 g Walnüsse, gehackt
Saft von ¼ Zitrone

Für den Salat

100 g Tomaten, geachtelt
40 g Rucola
20 g rote Zwiebeln, in Würfeln
1 TL Kapern
30 g Stangensellerie, in Scheiben
1 TL Olivenöl extra vergine
1 TL Balsamico-Essig

Den Grill auf höchster Stufe vorheizen.

Das Fleisch mit dem Olivenöl einreiben, auf ein Backblech legen und auf jeder Seite vier Minuten grillen.

Währenddessen den Käse mit der Petersilie, den roten Zwiebeln und den Walnüssen in einer kleinen Schüssel vermischen.

Sämtliche Salatzutaten in eine Schüssel füllen.

Ist das Putenschnitzel gar, eine Seite mit der Käsemischung bedecken und erneut für zwei bis drei Minuten auf den Grill legen beziehungsweise so lange, bis der Käse und die Zwiebeln goldgelb sind. Den Zitronensaft über das Schnitzel träufeln und mit dem Salat servieren.

Lamm-Dattel-Köfte mit Tzatziki, Rucola und Chili-Buchweizen

Dieses Gericht besteht aus vier Elementen, die sich jedoch ohne großen Aufwand schnell zubereiten lassen.

1 PORTION

1 Medjool-Dattel, entkernt und gehackt
1 TL Kurkuma
1 TL gemahlener Kreuzkümmel
20 g rote Zwiebeln
1 TL Petersilie, gehackt
1 mittelgroßes Eigelb
1 kleine Zehe Knoblauch
150 g Lammfleisch, gehackt

Für den Buchweizen

30 g Buchweizen
1 Bird Eye Chili, gehackt
1 TL Petersilie, gehackt

Für das Tzatziki

50 g Joghurt
20 g Salatgurke, geraspelt
½ TL Minze, frisch oder getrocknet (optional)
Saft von ¼ Zitrone

Für den Salat

50 g Tomaten, in Würfeln
30 g Rucola
1 TL Olivenöl extra vergine
Saft von ¼ Zitrone

Für die Köfte sämtliche Zutaten bis auf das Hackfleisch in eine Küchenmaschine füllen und zu einer geschmeidigen Masse verarbeiten. Aus der Maschine entnehmen und unter das Lammfleisch kneten, zu zwei »Würsten« formen und diese vor der Zubereitung für 30 Minuten in den Gefrierschrank legen.

Den Buchweizen nach Packungsanweisung garen.

Für das Tzatziki alle Zutaten vermischen und beiseitestellen.

Den Grill auf höchster Stufe vorheizen.

Die Köfte für acht bis zehn Minuten unter den Grill legen, bis sie schön gebräunt und gar sind. Dabei gelegentlich wenden.

Währenddessen den Chili und die Petersilie unter den Buchweizen mischen.

Für den Salat sämtliche Zutaten in eine Schüssel füllen.

Alles auf einem Teller anrichten und genießen.

Brotlose Rindfleischburger mit allem Drum und Dran zu Süßkartoffelpommes

1 PORTION

125 g mageres Rindfleisch, gehackt (5 % Fett)
15 g rote Zwiebeln, fein gehackt
1 TL Petersilie, fein gehackt
1 TL Olivenöl extra vergine

Für die Süßkartoffelpommes

150 g Süßkartoffeln
1 TL Olivenöl extra vergine
1 TL getrockneter Rosmarin
1 Zehe Knoblauch, ungeschält

Zum Belegen

10 g Cheddar-Käse, in Scheiben oder geraspelt
150 g rote Zwiebeln, in Ringen
30 g Tomaten, in Scheiben
10 g Rucola

Den Backofen auf 220 °C vorheizen.

Als Erstes werden die Süßkartoffelpommes zubereitet. Dafür die Süßkartoffeln schälen und zu 1 cm dicken »Pommes« schneiden. Das Olivenöl mit dem Rosmarin und der Knoblauchzehe mischen und die Süßkartoffelstücke darin schwenken. Alles auf ein Backblech geben und in etwa 30 Minuten im Ofen knusprig braun rösten.

Für die Burger das Hackfleisch mit den Zwiebeln und der Petersilie verkneten. Mithilfe eines Glases oder von Hand gleichmäßige, flache Burger formen.

Eine Bratpfanne auf mittlerer Stufe erhitzen, das Olivenöl zugeben, dann die Burger auf die eine und die Zwiebelringe auf die andere Pfannenseite platzieren. Die Burger auf jeder Seite etwa sechs Minuten braten, bis sie innen gar sind. Die Zwiebelringe bis zum gewünschten Bräunungsgrad in der Pfanne lassen.

Die fertigen Burger auf ein mit Backpapier ausgelegtes Blech setzen, mit dem Käse und den roten Zwiebeln belegen und für etwa eine Minute in den Ofen geben, bis der Käse geschmolzen ist. Herausnehmen und die Tomaten, den Rucola und nach Belieben eine Gewürzgurke darauf verteilen. Mit den Pommes servieren.

Lachstatar mit Rucolasalat

Wir empfehlen, sehr frischen Lachs zu verwenden, der vor der Zubereitung des Gerichts eingefroren wird. Lassen Sie den Fisch über Nacht im Kühlschrank auftauen. Ein sehr scharfes Messer wird Ihnen bei diesem Rezept gute Dienste leisten.

1 PORTION

125 g Lachsfilet, ohne Haut und Gräten
20 g rote Zwiebeln, fein gehackt
1 TL Kapern, fein gehackt
1 TL Olivenöl extra vergine
1 EL Petersilie, gehackt
Saft von ¼ Zitrone
Salz und Pfeffer

Für den Salat

40 g Rucola
6 Walnusshälften, gehackt
40 g Stangensellerie, in Scheiben

1 TL Olivenöl extra vergine
1 TL Balsamico-Essig

Das Lachsfilet halbieren, jede Hälfte in dünne Streifen zerteilen, die wiederum in kleine Würfel geschnitten werden.

Die roten Zwiebeln und die Kapern mit dem Lachs vermischen. Falls Sie eine kleine Küchenmaschine besitzen,
können Sie diese zu diesem Zweck verwenden. Mit dem
Olivenöl, der Petersilie und ein wenig Salz und Pfeffer vermengen.

Alle Zutaten für den Salat mischen und den Lachs darauf
anrichten. Nun noch den Zitronensaft über den Fisch träufeln – und fertig ist das Essen (den Zitronensaft wirklich erst
kurz vor dem Servieren darüberträufeln, er reagiert sonst mit
dem rohen Fisch und stößt den Garungsprozess an).

Gefüllte Portobello-Pilze mit gedünstetem Stangensellerie

1 PORTION

50 g weiße Bohnen (wie Cannellini oder Haricot), aus der
   Dose oder selbst gekocht

1 TL Petersilie

2 Walnusshälften

1 EL Sonnenblumenkerne

1 TL Olivenöl extra vergine

30 g rote Zwiebeln, in Scheiben

20 g Grünkohl

1 Zehe Knoblauch, gehackt

1 großer Portobello-Pilz

20 g Rucola

Für den Sellerie

3–4 Stangen Sellerie, halbiert

350 ml Gemüsebrühe

1 Zweig frischer Thymian oder 1 TL getrockneter Thymian

1 Zehe Knoblauch

1 TL Kurkuma

Den Backofen auf 180 °C vorheizen.

Für den Sellerie sämtliche Zutaten in eine ofenfeste Form geben. Mit einem Deckel oder Alufolie versehen und für 30 bis 40 Minuten in den Ofen geben, bis das Gemüse weich ist.

Währenddessen den Pilz vorbereiten, sodass dieser in den letzten 20 Minuten der Garzeit des Selleries mit in den Ofen gegeben werden kann. Für die Füllung die Bohnen, die Petersilie und die Walnüsse in einem Mixer zerkleinern. Falls Sie keinen Mixer zur Hand haben, können Sie die Bohnen auch mit der Rückseite einer Gabel zerdrücken und die Petersilie mit den Walnüssen so fein wie möglich hacken. Die Sonnenblumenkerne unterheben.

Die Grünkohlblätter ohne die dicken Rippen in Streifen schneiden. Das Olivenöl erhitzen und die roten Zwiebeln mit dem Grünkohl und dem Knoblauch weich dünsten. Von der Herdplatte nehmen und die Bohnenmischung untermengen. Den Pilz mit der Masse füllen und auf ein Backblech platzieren.

Zu dem Sellerie in den Ofen geben und die letzten 20 bis 25 Minuten der Garzeit mitbacken. Der Pilz sollte oben schön gebräunt sein. Mit dem gedünsteten Sellerie und dem Rucola servieren.

Arame-Miso-Bratlinge mit knusprigem Ingwergrünkohl

1 PORTION

5 g Arame-Algen
1 Zehe Knoblauch, gehackt
20 g rote Zwiebeln, in Scheiben
2 TL Olivenöl extra vergine
75 g weiße Bohnen (wie Cannellini oder Haricot),
    aus der Dose oder selbst gekocht
150 g Seidentofu
20 g Misopaste
1 EL Korianderblätter, gehackt
1 EL Sesamsamen

Für den Grünkohl

1 TL Olivenöl extra vergine
1 cm frischer Ingwer, gehackt
80 g Grünkohl, die dicken Blattrippen entfernt und gehackt

Den Backofen auf 180 °C vorheizen.

Als Erstes wird der Grünkohl zubereitet: Mit dem Olivenöl und dem Ingwer einreiben und auf einem Backblech verteilen. Für 25 bis 30 Minuten in den Ofen geben, dabei alle zehn Minuten wenden, damit er gleichmäßig gegart wird.

Für die Bratlinge die Arame-Algen nach Packungsanweisung vorbereiten. Den Knoblauch und die roten Zwiebeln zwei bis drei Minuten sanft in 1 Teelöffel Olivenöl anbraten. Mit einem Stück Küchenrolle die Bohnen und den Tofu trocken tupfen, dann mit dem Miso und dem Koriander in einen Mixer oder eine Küchenmaschine geben und zu einer Paste verarbeiten.

Die Algen abgießen und gründlich ausdrücken, bevor sie mit der Paste vermengt werden. Zu kleinen Bratlingen formen und in dem Sesam rollen. Im restlichen Olivenöl bei mittlerer Hitze auf jeder Seite in zwei bis drei Minuten goldgelb anbraten. Mit dem Grünkohl anrichten und servieren.

Aufrechterhaltung

Willkommen in Phase 2 der Sirtuin-Diät. Treffender ausgedrückt zu »Sirtfoods, ein Leben lang«. So beeindruckend die Ergebnisse von Phase 1 auch sind, worauf es wirklich ankommt, ist die Fähigkeit, sich auch auf lange Sicht sirtfoodreich zu ernähren. Konkret heißt das: Sirtfoods sollten stets wesentlicher Bestandteil Ihrer täglichen Ernährung sein. Wenn Sie das umsetzen, sind Sie auf dem besten Weg zum Idealgewicht. Doch Sirtfoods sind so viel mehr, als nur ein Mittel zum Abnehmen. Weil man mit ihnen zu einer nachhaltigen und langfristig umsetzbaren Ernährungsform findet, sind Sirtfoods das kulinarische Ticket zu lebenslanger Gesundheit und zu Wohlergehen. Und wer würde wohl das Angebot ausschlagen, sich allein durch den Genuss köstlichster Speisen rundum wohlzufühlen?

Worin besteht nun die Zauberformel für langfristigen Erfolg? Es ist eigentlich ganz simpel. Sie essen nur das, was Sie wollen, und versehen es mit einer großen Prise Sirtfoods. Es geht nicht darum, Kalorien zu zählen oder Fette oder Kohlenhydrate. Um langfristig erfolgreich zu sein, geht es um das Positive, was wir auf dem Teller haben, und nicht um das, was wir uns gar nicht erst aufladen sollen. Mit »Sirtfoods, ein Leben lang« lässt sich das perfekt bewerkstelligen; bei dieser Ernährungsform können Sie sich sicher sein, dass Ihnen jeder einzelne köstliche Bissen guttut.

Grundsätzlich empfehlen wir, dass sich die tägliche Ernährung möglichst wie folgt zusammensetzt:

- 3 sirtfoodreiche Mahlzeiten
- 1 grüner Sirtfoodsaft oder -smoothie
- 1 Sirtfoodsnack (optional)

Damit Sie auch weiterhin jeden Morgen diesen speziellen »Sirtfood-Kick« bekommen, beginnen Sie den Tag wie gewohnt mit einem grünen Sirtfoodsaft, am besten gleich nach dem Aufstehen, noch vor dem Frühstück. Damit es nicht zu eintönig wird, bieten wir Ihnen auf den Seiten 261 bis 266 einige Varianten des klassischen grünen Sirfoodsafts an.

Danach geht es daran, eine ausgewogene Rezeptauswahl für Frühstück, Mittag- und Abendessen sowie für einen optionalen sirtfoodreichen Snack zu treffen. Neben unseren beliebten Sirtfood-Pralinen, deren Rezept wir der Einfachheit halber auch in dieses Buch mit aufgenommen haben (Seite 213), gibt es noch eine ganze Reihe neuer Snackideen, damit Sie sich optimal mit Sirtfoodleckereien versorgen können.

Wir haben sehr viel Mühe darauf verwandt, Rezepte zu entwickeln, die sich Ihrem Lebensstil anpassen und nicht umgekehrt. Egal, ob Frühstück für unterwegs, ein Lunchpaket fürs Büro oder ein ausgefalleneres Menü für einen Abend mit Freunden (inklusive Nachtisch!) – wir haben für alle Eventualitäten gesorgt. Selbstverständlich gibt es auch Rezepte für die Familie. Zu diesem Zweck haben wir uns das eine oder andere Lieblingsessen vorgenommen und es »sirtifiziert«. Sie brauchen nichts weiter zu tun, als sich aus dem betreffenden Abschnitt für ein Gericht zu entscheiden, und Sie sind startklar. Rosige Zeiten brechen an: Sie essen, was Ihnen schmeckt, und kommen dabei in den Genuss sämtlicher Vorteile.

Früher oder später würde eine Ernährung, die vor allem auf den Top 20 Sirtfoods basiert, natürlich etwas monoton werden, mögen diese auch noch so lecker sein. Doch zum Glück kennen wir ja noch 40 weitere Lebensmittel mit beachtlichen Sirtfoodeigenschaften (aufgelistet auf den Seiten 30 bis 32). In unseren Rezepten sorgen sie für Vielfalt und Abwechslung, und die wertvollen Sirtfoodeigenschaften liefern sie gratis dazu.

Die nachfolgenden Rezepte können Ihnen dabei helfen, eine Ernährungsform für sich zu finden, die Sie ein Leben lang gesund hält. Worauf warten Sie noch? Greifen Sie zu Messer und Gabel und lassen Sie es sich schmecken!

Frühstück

Sirt-Granola

Das Granola sollte komplett ausgekühlt sein, bevor es in einem luftdichten Behälter verpackt wird. Genießen Sie es mit einem Joghurt Ihrer Wahl und frischen Erdbeeren, Himbeeren, Blaubeeren, Brombeeren oder gehackten Medhool-Datteln.

ERGIBT ETWA 750 G

50 g Kokosöl
150 ml klarer Honig
1 EL Kurkuma
100 g Haferflocken (verwenden Sie ein als glutenfrei gekennzeichnetes Produkt, falls Sie auf Gluten verzichten)
250 g Buchweizenflocken
100 g Walnüsse, gehackt
50 g Pekannüsse, gehackt
50 g Mandeln, gehobelt
30 g Kürbiskerne
30 g Sonnenblumenkerne
50 g Kakao-Nibs

Den Backofen auf 160 °C vorheizen.

In einem kleinen Topf bei sanfter Hitze das Kokosöl mit dem Honig schmelzen, dann sorgfältig das Kurkumapulver unterrühren, damit sich keine Klümpchen bilden.

Sämtliche Trockenzutaten in einer Schüssel vermengen und mit der Honig-Öl-Mischung verrühren. Sobald alles gleichmäßig vermischt ist, auf einem antihaftbeschichteten beziehungsweise mit Backpapier ausgelegten Backblech verteilen. 35 bis 40 Minuten backen, nach der Hälfte der Zeit wenden.

Aus dem Ofen nehmen, sobald das Granola eine goldgelbe Farbe angenommen hat, und auf dem Backblech komplett auskühlen lassen. Luftdicht verpackt hält es sich bis zu zwei Monate.

Sirt-Müsliriegel

Das Granolarezept von Seite 169 ergibt eine ziemlich große Menge. Sollte es Ihnen pur allmählich zu langweilig werden, zaubern Sie einfach diese leckeren Müsliriegel daraus, die Sie unterwegs oder zwischendurch als Snack essen können. Alles, was Sie dafür brauchen, ist die Hälfte der Granolamischung.

ERGIBT ETWA 10 RIEGEL

150 g Medjool-Datteln, entkernt und gehackt
150 g Walnussbutter (gekaufte oder selbst gemachte,
  siehe Seite 220)
50 g dickflüssigen Honig
375 g Sirt-Granola (siehe Seite 169)

Die Datteln mit der Walnussbutter und dem Honig in einem Mixer zu einer geschmeidigen Masse verarbeiten. Das könnte einige Zeit in Anspruch nehmen, da die Datteln sich nicht so ohne Weiteres pürieren lassen und Sie die Mischung ein paarmal von den Seitenwänden des Mixbehälters nach unten schaben müssen.

171

Die fertige Masse in eine Rührschüssel füllen und das Granola unterrühren, sodass alles gleichmäßig verteilt ist. Wenn Sie einen Klumpen dieser Mischung in Ihrem Handteller zerdrücken, sollte dieser nicht auseinanderbröckeln.

Eine Kastenform von 25 x 18 cm mit Backpapier auslegen und die Mischung einfüllen. Die Oberfläche mit den Händen oder der Rückseite eines Löffels möglichst glatt verstreichen, dann kräftig festklopfen, damit die Riegel nicht auseinanderbrechen, wenn Sie sie aufschneiden. Alternativ können aus der Mischung auch mundgerechte Kugeln geformt werden.

Für mindestens zwei Stunden in den Kühlschrank stellen, bevor Sie versuchen, die Mischung mit einem Messer in zehn Riegel zu zerteilen. Luftdicht verpackt halten sie sich im Kühlschrank bis zu zwei Wochen.

Sirt-»Kakao-Pops«

Mit einer milchfreien Alternative wie zum Beispiel Mandel-
oder Sojamilch lässt sich dieses Rezept auch sehr gut vegan
zubereiten.

ERGIBT ETWA 10 PORTIONEN

100 g Popcornmais
1 EL Olivenöl extra vergine oder zerlassenes Kokosöl

Für das Topping

50 g Walnüsse, gehackt
50 g Sonnenblumenkerne
50 g Buchweizenflocken
35 g Kakao-Nibs

Zum Anrichten

1 TL Kakaopulver
1 Medjool-Dattel, entkernt und fein gehackt
200 ml Milch oder eine pflanzliche Alternative

Den Backofen auf 160 °C vorheizen.

Eine schwere Pfanne mit gut schließendem Deckel auf mittlerer Stufe erhitzen. Den Popcornmais mit dem Öl vermengen, in die heiße Pfanne füllen und mit dem Deckel verschließen. Die Pfanne schwenken, sodass der Mais darin in Bewegung bleibt. Sobald die Maiskörner aufpoppen, die Temperatur erhöhen und die mit dem Deckel verschlossene Pfanne so stark wie möglich schwenken. Sobald nur noch etwa alle zwei bis drei Sekunden ein Aufpoppgeräusch zu hören ist, die Pfanne vom Herd nehmen und den Inhalt in eine Schüssel füllen. Sämtliche nicht aufgeplatzten Maiskörner aussortieren und wegwerfen. Ist das Popcorn vollständig abgekühlt, kann es in einem luftdichten Behälter verpackt bis zu eine Woche aufbewahrt werden.

Für das Topping die Walnüsse mit den Sonnenblumenkernen auf ein kleines Backblech verteilen und 15 Minuten im Backofen rösten. In eine Schüssel geben und mit den Buchweizenflocken und den Kakao-Nibs mischen. Vollständig abkühlen lassen und in einen luftdichten Behälter verpacken; die Mischung hält sich auf diese Weise bis zu einem Monat.

Das fertige Popcorn und das Topping sollten getrennt voneinander aufbewahrt werden, um so für ein ausgewogenes
Verhältnis beim Anrichten zu sorgen.

Serviertipp: Ein bis zwei Esslöffel des Toppings sowie
10 g Popcorn in eine Schüssel geben. Das Kakaopulver und
die Dattelstückchen in die Milch rühren und über die Cerea-
lien gießen.

Sirt-Früchtejoghurt

1 PORTION

40 g (10) Himbeeren
60 g (10) blaue Trauben, halbiert
80 g (1 mittelgroße) Pflaume, entkernt und gehackt
60 g (½ mittelgroßer) Apfel, in Spalten
50 g (2 mittelgroße) Erdbeeren, geputzt und klein
   geschnitten
Saft von ¼ Zitrone
100 g griechischer Joghurt
5 Walnusshälften, gehackt

Das Obst in eine Schüssel geben, mit dem Zitronensaft beträufeln und gut durchrühren.

Den griechischen Joghurt darübergießen und mit den gehackten Walnüssen bestreut servieren.

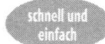

Grillwürstchen mit Röstzwiebeln und Kräuterrühreiern

1 PORTION

2 magere Schweins- oder Rinderbratwürste
2 Eier
25 ml Milch oder vegane Alternative
1 TL Petersilie, gehackt
1 TL Schnittlauch, gehackt
1 TL Olivenöl extra vergine
60 g rote Zwiebeln, gehackt
1 TL getrockneter Thymian

Den Grill auf höchster Stufe vorheizen.

Die Würstchen acht bis zehn Minuten grillen, dabei ab und zu wenden, damit sie überall gleichmäßig gebräunt werden.

Die Eier mit der Milch oder der veganen Alternative, der Petersilie und dem Schnittlauch verquirlen. ½ Teelöffel Olivenöl in einem kleinen Topf auf mittlerer Stufe erhitzen, die Eiermischung hineingießen und so lange vorsichtig unter Rühren anbraten, bis das Rührei die gewünschte Konsistenz hat.

In der Zwischenzeit das restliche Olivenöl (½ Teelöffel) in einer kleinen Pfanne auf mittlerer Stufe erhitzen und darin die Zwiebeln mit dem Thymian in etwa drei bis vier Minuten goldbraun braten.

Die Rühreier auf einem Teller anrichten und mit den Bratwürsten und den Zwiebeln darauf servieren.

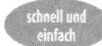

Räucherlachs mit Rucola und Kapern auf Buchweizencrackern

1 PORTION

1 TL Kapern
60 g griechischer Joghurt
1 EL Petersilie, gehackt
10 g rote Zwiebeln, in dünnen Scheiben
Buchweizencracker (gekauft oder selbst gemacht;
    siehe Rezept Seite 216)
75 g Räucherlachs
20 g Rucola
Saft von ¼ Zitrone

Die Kapern mit dem Joghurt, der Petersilie und den Zwiebeln in eine Schüssel geben und vermischen. Auf den Crackern verteilen und mit dem Räucherlachs sowie dem Rucola belegen. Mit ein wenig Zitronensaft beträufeln und genießen.

Gebackener Bückling mit Grünkohl und pochierten Eiern

Bücklinge gehörten jahrelang zu den eher unterschätzten Lebensmitteln. Es stimmt, sie verströmen einen gewissen Geruch, doch ihr süßer und etwas rauchiger Geschmack macht sie zu einer lohnenswerten Ergänzung unseres Speiseplans. Wir haben uns für die Zubereitung im Backofen entschieden, ebenso gut können Sie sie jedoch auch grillen oder pochieren. Achten Sie bei diesem Rezept auf sorgfältiges Timing, damit alle Bestandteile der Mahlzeit gleichzeitig fertig werden.

1 PORTION

1 Bückling
1 TL Olivenöl extra vergine
1 TL Petersilie, gehackt
50 g Grünkohl, gehackt
ein paar Tropfen Essig
1 mittelgroßes Ei
1 Zitronenspalte

Den Backofen auf 200 °C vorheizen. Währenddessen in zwei kleinen Töpfen Wasser zum Kochen bringen.

Den Bückling, wenn nötig, von Kopf und Schwanz befreien und mit der Haut nach unten auf ein Stück Alufolie legen. Das Olivenöl und die Petersilie auf dem Bückling verteilen und den Fisch mit der Alufolie einschlagen. Dann ab in den Backofen für zehn Minuten.

Den Grünkohl in einen der beiden Töpfe mit kochendem Wasser geben und in etwa fünf Minuten bei sanfter Hitze garen, bis er weich ist. Abgießen und warm halten.

In den anderen Topf ein paar Tropfen Essig in das kochende Wasser geben und die Hitze reduzieren, bis alles nur noch siedet. Mit einem Löffel kreisförmige Rührbewegungen vollführen, das Ei in die Mitte des dabei entstehenden Strudels schlagen und etwa zwei bis drei Minuten, je nach Frische des Eies, garen. Mithilfe eines Schaumlöffels herausnehmen und auf einem Küchenpapier abtropfen lassen.

Das Ei auf dem Bückling neben dem Grünkohl beziehungsweise nach persönlicher Vorliebe anrichten und mit der Zitrone genießen.

Pochierte Eier mit Rucola, Spargel und Speck

1 PORTION

2 Scheiben durchwachsener Speck
6 Stangen Spargel, von den holzigen Enden befreit
ein paar Tropfen Essig
2 Eier
10 g Rucola
1 TL Olivenöl extra vergine

Den Grill auf höchster Stufe vorheizen. Währenddessen in zwei kleinen Töpfen Wasser zum Kochen bringen.

Sobald der Grill heiß ist, den Speck knusprig grillen – das sollte etwa vier bis fünf Minuten dauern.

Den Spargel in einen der beiden Töpfe mit kochendem Wasser geben und in etwa zwei bis drei Minuten weich garen.

In den anderen Topf ein paar Tropfen Essig in das kochende Wasser geben und die Hitze reduzieren, bis alles nur noch siedet. Mit einem Löffel kreisförmige Rührbewegungen vollführen, das Ei in die Mitte des dabei entstehenden Strudels schlagen und etwa zwei bis drei Minuten, je nach Frische des Eies, garen. Mithilfe eines Schaumlöffels herausnehmen und auf Küchenpapier abtropfen lassen. Mit dem zweiten Ei ebenso verfahren.

Die Eier auf dem Spargel anrichten, mit dem knusprigen Speck und dem Rucola garnieren und mit etwas Olivenöl besprenkeln.

Mittagessen

Sirt-Räuchermakrelenpâté mit Selleriesticks

Diese Pâté können Sie je nach persönlicher Vorliebe auch zu einem Salat aus Brunnenkresse und Kapern sowie ein paar Buchweizencrackern reichen (siehe Seite 216).

1 PORTION

1 Räuchermakrelenfilet (80–90 g), ohne Haut
1 EL Petersilie, gehackt
1 TL Olivenöl extra vergine
1 EL Crème fraîche
1 EL Frischkäse
1 Prise Cayennepfeffer
schwarzer Pfeffer, frisch gemahlen
Saft von ¼–½ Zitrone, je nach Geschmack
2–3 Stängel Sellerie, je nach Größe

Drei Viertel des Fischfilets mit den übrigen Zutaten, außer den Selleriestangen, in einen Mixer geben und zu einer cremigen Masse verarbeiten.

In eine Schüssel füllen. Den restlichen Fisch zerpflücken und unter die Masse heben, um der Pâté ein wenig Struktur zu verleihen.

Die Selleriestangen auf 5 cm Länge zuschneiden und mit der Pâté anrichten.

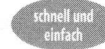

Thunfischsalat à la niçoise

1 PORTION

50 g grüne Bohnen
1 mittelgroßes Ei
20 g Stangensellerie, in Würfeln
50 g Kirschtomaten, halbiert
20 g rote Zwiebeln, in dünnen Scheiben
15 g kleine, schwarze Oliven
1 TL Petersilie, gehackt
2 TL Olivenöl extra vergine
½ TL Weißweinessig
20 g Rucola
150 g Thunfisch aus der Dose (in Öl oder im eigenen Saft),
   abgegossen
Saft von ¼–½ Zitrone, je nach Geschmack

In einem kleinen Topf Wasser aufkochen. Die Bohnen darin drei bis sechs Minuten garen, je nachdem, wie viel Biss sie noch haben sollen; dann mit einem Schaumlöffel herausnehmen.

Im selben Wasser das Ei kochen. Bei einem Ei, das direkt aus dem Kühlschrank kommt, ist das Eiweiß meist nach sieben

Minuten fest, während das Eigelb noch ein wenig weich ist. Wird auch das Eigelb fest gewünscht, die Garzeit auf etwa zehn Minuten erhöhen. Unter kaltem Wasser abschrecken und ein wenig abkühlen lassen, damit Sie es schälen können. Beiseitelegen.

Sellerie, Tomaten, Zwiebeln, Oliven, Bohnen und Petersilie in einer Schüssel mit dem Olivenöl und dem Essig vermischen.

Den Salat auf dem Rucola anrichten. Das Ei vierteln und dazugeben, dann den Thunfisch zerpflücken, auf dem Teller verteilen und mit ein wenig Zitronensaft besprenkeln.

 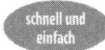

Buchweizennudelsalat mit Artischocken, Parmesan und Parmaschinken

1 PORTION

60 g Buchweizennudeln
50 g Artischocken (in Öl oder Wasser), abgegossen und
    in mundgerechte Stücke zerteilt
130 g (1) Tomate, in Würfeln oder geachtelt
1 TL Kapern
10 g rote Zwiebeln, in dünnen Ringen
1 EL Olivenöl extra vergine
Saft von ¼–½ Zitrone, je nach Geschmack
1 EL Petersilie, gehackt
2 Scheiben Parma- oder anderer geräucherter Schinken,
    in 3 cm großen Stücken
20 g Rucola
15 g Parmesan oder anderer italienischer Hartkäse, gerieben

Die Nudeln nach Packungsanweisung garen, abgießen und beiseitestellen.

Die Artischocken mit den Tomaten, den Kapern, den roten Zwiebeln, dem Olivenöl, dem Zitronensaft und der Petersilie in einer Schüssel vermengen. Die gekochten Nudeln unterheben.

Die Schinkenscheiben unter den Nudelsalat mischen. Auf dem Rucola anrichten und mit geriebenem Parmesan oder anderem Hartkäse servieren.

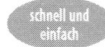

Quinoasalat mit Avocado und gekochtem Hühnchen

1 PORTION

50 g Quinoa
20 g rote Zwiebeln, in dünnen Ringen
1 TL Kapern
1 EL Petersilie, gehackt
20 g sonnengetrocknete Tomaten, fein gehackt
1 TL Olivenöl extra vergine
Saft von ¼–½ Zitrone, je nach Geschmack
100 g gekochte Hühnerbrust, in mundgerechten Stücken
½ Avocado, in Scheiben
20 g Rucola

Quinoa nach Packungsanweisung garen, sorgfältig abgießen und in eine Schüssel füllen.

Die Zwiebeln mit den Kapern, der Petersilie, den sonnengetrockneten Tomaten, dem Olivenöl und dem Zitronensaft vermischen und unter die gekochte Quinoa rühren.

Das Hühnchenfleisch und die Avocadoscheiben auf dieser Mischung verteilen und auf dem Rucola anrichten.

  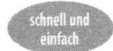

15-Minuten-Brunnenkressesuppe

Um die Mahlzeit reichhaltiger zu gestalten, können Sie Buchweizen-Saaten-Cracker zu der Suppe reichen (siehe Seite 216).

1 PORTION

2 TL Olivenöl extra vergine
30 g Stangensellerie, in dünnen Scheiben
30 g weiße Zwiebeln, in dünnen Ringen
200 ml Gemüsebrühe
50 g weiße Bohnen (wie Cannellini oder Haricot),
    aus der Dose oder selbst gekocht
75 g Brunnenkresse, grob gehackt
1 EL Petersilie, grob gehackt

1 Teelöffel Olivenöl in einen kleinen Topf geben und darin den Sellerie mit den Zwiebeln in etwa zwei Minuten sanft anbraten. Die Brühe samt den Bohnen zugeben, aufkochen und abgedeckt bei mittlerer Stufe zehn Minuten garen.

Brunnenkresse und Petersilie hinzufügen und eine weitere Minute kochen. Von der Herdplatte nehmen und sämig pürieren.

Die Suppe mit dem übrigen Olivenöl beträufeln und genießen.

Brokkolisuppe mit Blauschimmelkäse und Basilikum

Um die Mahlzeit reichhaltiger zu gestalten, können Sie Buchweizen-Saaten-Cracker zu der Suppe reichen (siehe Seite 216).

1 PORTION

2 TL Olivenöl extra vergine
30 g rote Zwiebeln, in Scheiben
30 g Stangensellerie, in Scheiben
125 g Brokkoli (mit Stielen), in Scheiben
1 kleine Zehe Knoblauch, in Scheiben
½ TL getrockneter Thymian
500 ml Gemüsebrühe
50 g weiße Bohnen (wie Cannellini oder Haricot),
    aus der Dose oder selbst gekocht
20 g Blauschimmelkäse
4–5 Basilikum-Blätter

In einem Topf 1 Teelöffel Olivenöl erhitzen und darin die Zwiebeln, den Sellerie, den Brokkoli, den Knoblauch und den Thymian bei niedriger bis mittlerer Stufe zwei bis drei Minuten anbraten.

Die Brühe mit den Bohnen zugeben und aufkochen.
30 Minuten bei niedriger Hitze garen, bis das Gemüse
weich ist.

Den Käse zugeben und unter Rühren schmelzen. Die Basilikum-Blätter zerpflücken und die fertige Suppe damit
bestreuen. Das übrige Olivenöl darüberträufeln und servieren.

 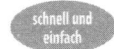

Edamame-Nudelsalat

1 PORTION

65 g Buchweizennudeln
30 g rote Zwiebeln, in dünnen Ringen
1 Bird Eye Chili, in dünnen Scheiben
30 g Stangensellerie, in dünnen Ringen
30 g Karotten, geraspelt
75 g geschälte Edamame-Bohnen

Für das Dressing

1–2 cm frischer Ingwer
Saft von ¼ Limette
1 TL Tamari (oder Sojasoße, falls Sie nicht auf Gluten
    verzichten)
2 TL Olivenöl extra vergine
1 EL Korianderblätter, gehackt
1 TL Sesamsamen

Die Nudeln nach Packungsanweisung kochen. In ein Sieb
schütten und mit kaltem Wasser abspülen. Zum Abkühlen
beiseitestellen.

Für das Dressing den Ingwer in eine Schüssel reiben. Den Limettensaft mit dem Tamari, dem Olivenöl, dem Koriandergrün und den Sesamsamen dazugeben.

Die roten Zwiebeln mit dem Chili, dem Sellerie, den Karotten und den Bohnen in einer Schüssel vermengen. Die Nudeln und das Dressing hinzufügen, gut vermischen und servieren.

  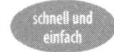

Brokkoli-Bohnen-Salat mit Artischockenherzen

1 PORTION

60 g Brokkoliröschen
75 g weiße Bohnen (wie Cannellini oder Haricot)
20 g rote Zwiebeln, in dünnen Ringen
40 g Artischockenherzen (in Öl oder in Salzlake), geviertelt
15 g kleine schwarze Oliven
1 EL Petersilie, gehackt
Saft von ¼–½ Zitrone, je nach Geschmack
1 TL Olivenöl extra vergine
30 g Rucola
1 EL Kürbiskerne, geröstet

Die Brokkoliröschen fein hacken, bis sie in ihrer Konsistenz an Couscous erinnern. Alternativ können sie auch mithilfe eines Standmixers zerkleinert werden – das geht am besten mit der Pulse-Funktion, da der Brokkoli sonst leicht matschig wird.

Mit den restlichen Zutaten bis auf den Rucola und die Kürbiskerne in einer Schüssel vermischen.

Auf einem Bett aus Rucola angerichtet und mit den Kürbiskernen bestreut servieren.

Salat aus neuen Kartoffeln und Brunnenkresse mit geräucherter Forelle

1 PORTION

100 g neue Kartoffeln
1 TL Kapern
1 TL Olivenöl extra vergine
1 TL Petersilie, gehackt
20 g rote Zwiebeln, in dünnen Ringen
20 g Stangensellerie, in dünnen Scheiben
Saft von ¼–½ Zitrone, je nach Geschmack
100 g geräucherte Forelle
35 g Brunnenkresse

Die Kartoffeln je nach ihrer Größe zunächst halbieren oder im Ganzen 15 bis 20 Minuten kochen.

Die Kapern mit dem Olivenöl, der Petersilie, den roten Zwiebeln, dem Sellerie und dem Zitronensaft mischen.

Die Kartoffeln abgießen und mit der Rückseite einer Gabel leicht andrücken, bis sie sich ein wenig öffnen, jedoch nicht zu Brei werden. Noch warm mit der Kapernmischung vermengen.

Die geräucherte Forelle mit den Fingern zerpflücken oder in Streifen schneiden und mit der Brunnenkresse mischen. Sofort mit den Kartoffeln servieren und nach Belieben noch ein wenig mit Zitronensaft beträufeln.

Sirt-Bohnensalat

1 PORTION

20 g rote Zwiebeln, in dünnen Ringen
1 TL Rotweinessig (oder Weißwein- bzw. Apfelessig)
150 g grüne Bohnen, geputzt
50 g weiße Bohnen (wie Cannellini oder Haricot), aus der
   Dose oder selbst gekocht
4–6 Walnusshälften, gehackt
1 TL Kapern
100 g Tomaten, in Würfeln
2 TL Olivenöl extra vergine
1 TL Schnittlauch, gehackt
1 TL Petersilie, gehackt
25 g Rucola
25 g Feta-Käse
1 Spritzer Zitronensaft (optional)

Die Zwiebelringe im Essig zum Marinieren beiseitestellen.
Das macht die Zwiebeln weich und süß.

Die grünen Bohnen für vier bis sechs Minuten in kochendes
Wasser geben, je nachdem, wie viel Biss sie noch haben sollen.
In ein Sieb abgießen und unter laufendem Wasser abkühlen.

Die Bohnen mit den Walnüssen, den Kapern, den Tomaten-stücken, dem Öl und den Kräutern in einer Schüssel vermen-gen, dann die Zwiebel-Essig-Mischung darübergießen und unterheben. Auf dem Rucola mit zerbröckeltem Schafskäse bestreut servieren. Nach Wunsch mit ein wenig Zitronensaft beträufeln.

Dressings

Rucola-Kapern-Dressing

Damit Sie jeden Salat ganz leicht »sirtifizieren« können, haben wir zwei simple Dressings kreiert, die Sie am besten immer im Kühlschrank parat haben.

ERGIBT ETWA 250 ML

200 ml Olivenöl extra vergine
30 ml Weißweinessig
20 ml Zitronensaft
1 TL Kapern
1 TL Petersilie, gehackt
5 g Rucola, gehackt

Füllen Sie sämtliche Zutaten in einen hohen Becher und verarbeiten Sie diese mithilfe eines Pürierstabs etwa eine Minute bis eine sämige Emulsion entstanden ist. Das fertige Salatdressing in ein sauberes Schraubglas oder einen luftdichten Behälter füllen und im Kühlschrank aufbewahren – dort hält es sich bis zu einer Woche.

Sollte sich das Öl abgesetzt haben, brauchen Sie das Dressing kurz vor der Verwendung lediglich gut zu schütteln. Nehmen

Sie es außerdem möglichst zehn bis 15 Minuten vor der Verwendung aus dem Kühlschrank, da es unter Umständen ein wenig fest geworden ist.

Chili-Kurkuma-Dressing

ERGIBT ETWA 250 ML

200 ml Olivenöl extra vergine
30 ml Weißweinessig
20 ml Zitronensaft
1 Bird Eye Chili
1 TL Kurkuma
½ TL Dijon-Senf

Sämtliche Zutaten in einen Becher füllen und mit einem Pürierstab etwa eine Minute zu einer sämigen Emulsion verarbeiten. Das fertige Dressing in ein Schraubglas oder einen luftdichten Behälter füllen und im Kühlschrank aufbewahren – dort hält es sich bis zu einer Woche.

Sollte sich das Öl abgesetzt haben, brauchen Sie das Dressing kurz vor der Verwendung lediglich gut zu schütteln. Nehmen Sie es außerdem möglichst zehn bis 15 Minuten vor der Verwendung aus dem Kühlschrank, da es unter Umständen ein wenig fest geworden ist.

Snacks

Sirtfood-Pralinen

ERBIGT 15–20 STÜCK

120 g Walnüsse
30 g dunkle Schokolade (Kakaoanteil 85 %), in Stücke
   zerbrochen; oder Kakao-Nibs
250 g Medjool-Datteln, entkernt
1 EL Kakaopulver
1 EL Kurkuma
1 EL Olivenöl extra vergine
Mark aus 1 Vanilleschote oder 1 TL Vanilleextrakt
1–2 EL Wasser (optional)

Walnüsse und Schokolade in der Küchenmaschine zu feinem Pulver vermahlen. Alle übrigen Zutaten bis auf das Wasser zugeben und mixen, bis die Masse eine Kugel bildet. Bei Bedarf Wasser zufügen – die Masse sollte nicht zu klebrig sein.

Mit den Händen portionsweise aus der Masse Pralinen formen und in einem luftdichten Behälter verpackt für mindestens eine Stunde in den Kühlschrank stellen, damit sie fest werden. Sie können auch ein paar der Kugeln in etwas

Kakaopulver oder Kokosraspeln wälzen, um verschiedene Sorten zu erhalten. Die fertigen Pralinen halten sich im Kühlschrank bis zu einer Woche.

Geröstete Cajun-Nüsse

ERGIBT 250 G

1 TL Paprika

1 TL getrockneter Thymian

1 TL Meersalz

1 TL Oregano

1 TL Chilipulver

250 g Erdnüsse, blanchiert, oder eine Mischung aus
Pekannüssen, Walnüssen und Haselnüssen

1 EL Olivenöl extra vergine oder Kokosöl

Den Backofen auf 160 °C vorheizen.

Die Gewürze in eine Schüssel geben und mit den Nüssen
und dem Öl vermengen. Danach die Nüsse in einer Lage
auf einem Backblech verteilen und 25 bis 30 Minuten rösten. (Möglicherweise müssen sie in mehreren Portionen
gebacken werden.) Die gerösteten Nüsse in eine Schüssel
füllen.

Sobald sie komplett abgekühlt sind, können die Nüsse in
einen luftdichten Behälter verpackt werden. Darin halten sie
sich bis zu zwei Tage.

215

Buchweizen-Saaten-Cracker

ERGIBT ETWA 40 STÜCK

200 g Buchweizenmehl
50 g Sonnenblumenkerne
50 g Kürbiskerne
35 g Sesamsamen
1 EL Olivenöl extra vergine
150 ml Wasser

Sämtliche Zutaten in eine Rührschüssel geben und gründlich mit den Händen verkneten. Mit Frischhaltefolie bedeckt 30 Minuten stehen lassen. Möglicherweise kommt Ihnen die Masse zu feucht vor, die Flüssigkeit wird jedoch aufgesaugt, während der Teig ruht.

Den Ofen auf 160 °C vorheizen. Ein großes Backblech mit Backpapier auslegen.

Den Teig aus der Schüssel nehmen und mit den Händen zu einem geschmeidigen Teig verkneten. Bei Bedarf ein wenig Wasser zugeben.

Den Teig halbieren und auf einer leicht bemehlten Arbeitsfläche etwa 1 bis 2 mm dick ausrollen. Sie können die Teig-
platte wahlweise als Ganzes auf das Blech legen und backen,
um sie danach in kleinere Stücke zu zerbrechen, oder aber
5 bis 7 cm große Kreise ausstechen, die gleichfalls auf das
Backblech platziert werden.

Den Vorgang mit dem restlichen Teig wiederholen. (Möglicherweise müssen Sie die Cracker in mehreren Portionen
backen, je nach Größe des Backblechs.) Insgesamt sollten es
etwa 40 Cracker werden.

Etwa 15 bis 20 Minuten backen, bis die Cracker goldgelb und
fest sind. Die Backzeit hängt auch davon ab, wie knusprig die
Cracker gewünscht werden. Luftdicht verpackt halten sich
die Cracker bis zu sieben Tage.

 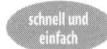

Meersalz-Apfelessig-Popcorn

2 PORTIONEN

50 g Popcornmais
1 EL Olivenöl extra vergine
1 TL Meersalz
1 EL Apfelessig

Einen Topf mit schwerem Boden und gut schließendem Deckel auf mittlerer Stufe erhitzen. Den Popcornmais mit dem Öl vermengen, in den heißen Topf füllen und mit dem Deckel verschließen. Den Topf beständig schwenken, sodass der Mais darin in Bewegung bleibt. Sobald die Maiskörner aufpoppen, die Temperatur erhöhen und den mit dem Deckel verschlossenen Topf so stark wie möglich schwenken. Sobald nur noch etwa alle zwei bis drei Sekunden ein Aufpoppgeräusch zu hören ist, den Topf vom Herd nehmen und den Inhalt in eine Schüssel füllen. Sämtliche nicht aufgeplatzten Maiskörner aussortieren und wegwerfen.

Mit dem Salz und dem Essig vermengen und noch warm servieren.

Luftdicht verpackt kann das Popcorn bis zu einer Woche aufbewahrt werden.

Weitere leckere Gewürzvarianten,
die Sie ausprobieren könnten:

scharfes geräuchertes Paprikapulver
Currypulver
Olivenöl und Oregano
Kakaopulver
geriebener Parmesan

Walnussbutter

ERGIBT 350 G

350 g Walnüsse
2 TL Olivenöl extra vergine
1 TL Wasser

Die Walnüsse in einer Küchenmaschine in etwa zwei Minuten zerkleinern, bis sie fein krümelig sind. Nach und nach das Öl und das Wasser zugeben, bis eine geschmeidige Masse entstanden ist.

Die Walnussbutter hält sich im Kühlschrank luftdicht verpackt bis zu einer Woche.

Sirt-Ants on a Log

Schon seit den Fünfziger-Jahren sind »ants on a log« (Selleriestangen, gefüllt mit Erdnussbutter und bestreut mit Rosinen)
in den USA ein probates Mittel, um Kindern ein wenig grünes
Gemüse »unterzujubeln«. Wir haben für Sie nun eine »sirtifizierte« Fassung konzipiert – ein lustiger Snack, mit dem Ihre
Kinder garantiert Gefallen an Sirtfoods finden.

1 PORTION

3 Selleriestangen
60 g Walnussbutter (siehe Seite 220)
3 Medjool-Datteln, entkernt und gehackt

Jede der drei Selleriestangen in drei Teile schneiden. Diese
werden mithilfe eines Messers in der hohlen Innenseite mit
Walnussbutter gefüllt. Mit den Dattelstücken bestreut servieren.

Abendessen

Boeuf bourguignon mit Kartoffelpüree und Grünkohl

4 PORTIONEN

800 g Rindfleisch (Hals oder Wade), in Würfeln

2–3 EL Buchweizenmehl

1 EL Olivenöl extra vergine

150 g rote Zwiebeln, grob gehackt

200 g Stangensellerie, grob gehackt

100 g Karotten, grob gehackt

2–3 Zehen Knoblauch, gehackt

375 ml Rotwein

2 EL Tomatenmark

750 g Rinderbrühe

2 Lorbeerblätter

1 Zweig frischer Thymian oder 1 EL getrockneter Thymian

75 g Pancetta oder anderer Räucherspeck, gewürfelt

250 g Champignons

2 EL Petersilie, gehackt

200 g Grünkohl

1 EL Maismehl oder Pfeilwurzelmehl (optional)

Für das Püree

500 g Kartoffeln (Bintje oder Desiree)
1 EL Olivenöl extra vergine
1 EL Milch

Das Fleisch mit Küchenpapier abtupfen, falls es sehr blutig ist, anschließend in Mehl wenden. Einen Topf mit schwerem Boden auf mittlerer bis starker Stufe erhitzen. Olivenöl zugeben und das Fleisch portionsweise darin anbraten, bis es von allen Seiten gleichmäßig gebräunt ist. Mithilfe eines Schaumlöffels aus der Pfanne nehmen und beiseitestellen.

Danach in demselben Topf die Zwiebeln mit dem Sellerie, den Karotten und dem Knoblauch in drei bis vier Minuten auf mittlerer Stufe weich dünsten. Den Wein mit dem Tomatenmark und der Brühe angießen und aufkochen lassen. Das gebräunte Fleisch mit den Lorbeerblättern und dem Thymian zugeben, Hitze reduzieren und im geschlossenen Topf zwei Stunden köcheln lassen. Dabei gelegentlich umrühren, damit nichts am Topfboden haften bleibt.

Während das Rindfleisch kocht, die Kartoffeln schälen und in Viertel oder kleinere Stücke schneiden, je nach Größe der Kartoffeln. In einem Topf mit kaltem Wasser zum Kochen aufsetzen und mit geschlossenem Deckel in 20 bis 25 Minuten weich kochen. Abgießen und mit dem Olivenöl und der Milch zu Brei stampfen. Warm stellen.

Während die Kartoffeln garen, eine Pfanne stark, jedoch nicht bis zum Rauchpunkt, erhitzen und die geräucherten Speckwürfel darin anbraten. Eine Zugabe von Öl ist nicht erforderlich, da der Speck bereits genügend Fett enthält. Sobald ein wenig Fett ausgetreten und der Speck leicht gebräunt ist, die Champignons hinzufügen und auf mittlerer Stufe anbraten, bis alles schön gebräunt ist. Falls die Pfanne nicht groß genug ist, kann dies auch in mehreren Portionen erfolgen. Die fertigen Pilze und Speckwürfel beiseitestellen.

Den Grünkohl in fünf bis zehn Minuten weich dämpfen.

Sobald das Fleisch zart ist und die Soße die gewünschte Konsistenz hat, die Speckwürfel, die Pilze und die Petersilie zugeben. Sollte die Soße zu flüssig sein, das Mais- oder Pfeilwurzelmehl mit ein wenig Wasser anrühren und die Soße damit nach Wunsch andicken. Zwei bis drei Minuten köcheln, dann mit dem Püree und dem Grünkohl servieren.

Puten-Fajitas

Dieses typisch mexikanische Gericht schmeckt ebenso gut mit Hühnchen oder Riesengarnelen.

4 PORTIONEN

Für die Füllung

500 g Putenbrust, in Streifen
1 EL Olivenöl extra vergine
1–2 Bird Eye Chilis, gehackt
150 g rote Zwiebeln, in dünnen Ringen
150 g rote Paprika, in dünnen Streifen
2–3 Zehen Knoblauch, gehackt
1 EL Paprikapulver
1 EL gemahlener Kreuzkümmel
1 TL Chilipulver
1 EL Korianderblätter, gehackt

Für die Guacamole

2 reife Avocados, geschält und entkernt (einen der Kerne
   aufbewahren)
Saft von 1 Limette
1 Prise Chilipulver
1 Prise schwarzer Pfeffer

Für die Salsa

400 g Tomatenstücke aus der Dose
20 g rote Zwiebeln, gewürfelt
20 g rote Paprika, entkernt und in Würfeln
Saft von ½–1 Limette, je nach Größe
1 TL Korianderblätter, gehackt
1 TL Kapern

Für den Salat

100 g Rucola
3 Tomaten, in Scheiben
100 g Salatgurke, in dünnen Scheiben
1 EL Olivenöl extra vergine
Saft von ½ Zitrone

Zum Anrichten

8 Mais-Tortillas
100 g Cheddar-Käse, gerieben

Die Zutaten für die Füllung vermengen und beiseitestellen.

Für die Guacamole sämtliche Zutaten mithilfe einer kleinen Küchenmaschine oder eines Mixers zu einer geschmeidigen Masse verarbeiten. Alternativ kann dazu auch die Rückseite einer Gabel oder eines Löffels verwendet werden. Den zurückgelegten Avocadostein in die Guacamole legen – damit wird verhindert, dass die Oberfläche braun wird.

Sämtliche Zutaten für die Salsa mischen. Für ein wenig Extraschärfe kann nach Belieben etwas gehackter Bird Eye Chili zugegeben werden.

In einer großen Schüssel die Zutaten für den Salat mischen.

Eine möglichst große Pfanne sehr stark bis zum Rauchpunkt erhitzen. Falls Sie eine Abzugshaube besitzen, sollte diese jetzt eingeschaltet werden. Die Putenfüllung in die heiße Pfanne geben – unter Umständen in zwei bis drei Portionen, da in einer überladenen Pfanne zu viel Feuchtigkeit entsteht, sodass das Fleisch kocht, anstatt zu braten. Die Hitze beibehalten und die Pfanne fortwährend schwenken, sodass das Fleisch schön gleichmäßig bräunt und nicht anbrennt.

Das gegarte Fleisch bei niedriger Temperatur im Ofen warm halten.

Vor dem Servieren die Tortillas nach Packungsanweisung erhitzen, anschließend mit Guacamole bestreichen und mit ein wenig Käse bestreuen, darauf die Salsa verteilen und in die Mitte die Putenfüllung geben. Ähnlich einer großen Zigarre aufrollen und auf einen Teller legen. Mit dem Salat daneben angerichtet servieren.

Sirt-Chicken Korma

Sie können statt der Hähnchenschenkel auch Hühnerfilets
verwenden, die Sie in sechs bis acht Stücke zerteilen. Die
Kochzeit reduziert sich dann auf 20 Minuten. Falls Sie das
Curry ein wenig feuriger mögen, einfach ein bis zwei Bird Eye
Chilis zu der Paste geben.

4 PORTIONEN

350 ml Hühnerbrühe
30 g Medjool-Datteln, entkernt und gehackt
2 Zimtstangen
4–5 Kardamomkapseln, leicht zerdrückt
250 ml Kokosmilch
8 Hähnchenoberschenkel, ohne Knochen
1 EL Kurkuma
200 g Buchweizen
150 g griechischer Joghurt
50 g gemahlene Walnüsse
2 EL Korianderblätter, gehackt

Für die Currypaste

1 große rote Zwiebel, geviertelt
3 Zehen Knoblauch
2 cm frischer Ingwer
1 EL mildes Currypulver
1 TL gemahlener Kreuzkümmel
1 EL Kurkuma
1 EL Kokosöl

Die Zutaten für die Currypaste in einem Mixer in etwa einer Minute zu einer geschmeidigen Paste verarbeiten. Das geht am besten, wenn man währenddessen immer wieder die Masse von den Seitenwänden des Behälters nach unten schabt. Alternativ können die Zutaten auch mithilfe eines Mörsers zerstoßen werden.

Eine Pfanne mit schwerem Boden auf mittlerer Stufe erhitzen und die Paste darin ein bis zwei Minuten rösten, dann die Brühe samt den Datteln, den Zimtstangen, den Kardamomkapseln und der Kokosmilch angießen. Zum Kochen bringen und die Hähnchenschenkel hineingeben. Die Hitze reduzieren und alles zugedeckt 45 Minuten köcheln lassen.

Währenddessen Wasser in einem Topf zum Kochen bringen und das Kurkumapulver einrühren. Den Buchweizen zugeben und nach Packungsanweisung garen.

Sobald das Hühnchen zart ist, den Joghurt und die Walnüsse zugeben und alles ein paar Minuten auf niedriger Stufe köcheln lassen. Den gehackten Koriander unterheben und mit dem Buchweizen servieren.

 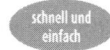

Buchweizennudelpfanne mit Garnelen, Pak Choi und Brokkoli

4 PORTIONEN

1 EL Kurkuma

400 g rohe Garnelen, geschält und entdarmt

1 EL Kokosöl

280 g Buchweizennudeln

1 TL Olivenöl extra vergine

Für das Pfannengemüse

1 EL Kokosöl

250 g Brokkoli, in mundgerechte Stücke zerteilt

250 g Pak Choi, grob gehackt

1 rote Zwiebel, in dünnen Ringen

2 cm frischer Ingwer, gehackt

1–2 Bird Eye Chilis, gehackt

3 Zehen Knoblauch, gehackt

150 ml Gemüsebrühe

1 Bund Basilikum, die Blätter abgepflückt und die Stängel gehackt

1 EL thailändische Fischsoße oder Tamari

Die Garnelen mit dem Kurkumapulver mischen. Das Kokosöl in einem Wok oder einer Pfanne erhitzen und die Garnelen bei mittelstarker Hitze in etwa drei bis vier Minuten braten, bis sie rosa sind. Aus der Pfanne nehmen und beiseitestellen.

Anschließend die Pfanne auswischen und bis zum Rauchpunkt erhitzen. Das Kokosöl hineingeben, sodann das Gemüse, den Ingwer, die Chilis und den Knoblauch. Das Gemüse beständig in Bewegung halten, damit es nicht anbrennt. Es dauert etwa drei bis fünf Minuten, bis es gar ist, aber noch Biss hat (währenddessen bei Bedarf die Hitze reduzieren, falls das Gemüse allzu dunkel zu werden droht). Die Brühe mitsamt dem Basilikum und der Fischsoße angießen. Aufkochen, die Garnelen hineingeben und kurz erhitzen.

In der Zwischenzeit die Nudeln nach Packungsanweisung kochen. Mit kaltem Wasser abschrecken und das Olivenöl untermischen, damit die Nudeln nicht verkleben.

Die Garnelenmischung mit den heißen Nudeln servieren.

auf Vorrat kochen

Spaghetti bolognese mit Kakao

4 PORTIONEN

1 EL Olivenöl extra vergine

1 rote Zwiebel, fein gewürfelt

100 g Stangensellerie, fein gewürfelt

100 g Karotten, fein gewürfelt

3 Zehen Knoblauch, gehackt

400 g mageres Rinderhack

1 EL Kräuter der Provence

1–2 Lorbeerblätter

150 ml Rotwein

300 ml Rinderbrühe

1 EL Kakaopulver

1 EL Tomatenmark

800 g Tomatenstücke aus der Dose

280 g Vollkornspaghetti

1 TL schwarzer Pfeffer, gemahlen

1 Bund Basilikum, nur die Blätter

20 g Parmesan

Öl in einem Topf erhitzen. Darin Zwiebeln, Sellerie, Karotten und Knoblauch bei mittlerer Hitze ein bis zwei Minuten anbraten, bis alles ein wenig weich geworden ist.

Das Hackfleisch und die getrockneten Kräuter dazugeben und bei mittelstarker Hitze anbräunen. Den Wein mit der Brühe, dem Kakaopulver, dem Tomatenmark und den Tomatenstücken hinzufügen, aufkochen und 45 bis 60 Minuten zugedeckt köcheln lassen.

Kurz vor dem Servieren die Nudeln nach Packungsanweisung garen.

Zum Schluss den Pfeffer und die Basilikum-Blätter in die Soße rühren. Mit der Pasta und ein wenig geriebenem Parmesan bestreut servieren.

Lachs aus dem Backofen mit Brunnenkresse- soße und neuen Kartoffeln

4 PORTIONEN

400 g neue Kartoffeln
4 Lachsfilets à 125 g, ohne Haut
1 TL Olivenöl extra vergine
1 Kopf Brokkoli, in Röschen zerteilt
1 Bund Spargel, geschält und die holzigen Enden entfernt

Für die Brunnenkressesoße

30 g Brunnenkresse
5 g Petersilie
1 EL Kapern
2 EL Olivenöl extra vergine
Saft von 1 Zitrone

Den Ofen auf 200 °C vorheizen.

In einem Topf die Kartoffeln in kaltem Wasser aufsetzen. Zum Kochen bringen und etwa 15 bis 20 Minuten garen, bis sie weich sind.

Die Lachsfilets mit dem Olivenöl bepinseln und auf ein Backblech legen; zehn Minuten im Ofen backen. Wird der Fisch noch ein wenig rosa gewünscht, kann die Backzeit um zwei bis drei Minuten verkürzt werden.

In der Zwischenzeit den Brokkoli und den Spargel weich dämpfen.

Die Zutaten für die Soße in einen Mixer geben und sämig pürieren.

Die Soße auf den Lachsfilets verteilen, das Gemüse daneben anrichten und servieren.

Coq au Vin mit neuen Kartoffeln und grünen Bohnen

4 PORTIONEN

4 Hähnchenoberschenkel, ohne Haut

4 Hähnchenunterschenkel, ohne Haut

1–2 EL Buchweizenmehl

1 EL Olivenöl extra vergine

150 g rote Zwiebeln, gehackt

150 g Karotten, gewürfelt

200 g Stangensellerie, gewürfelt

3 Zehen Knoblauch, gehackt

400 ml Rotwein

400 ml Hühnerbrühe

1 Zweig frischer Thymian

2–3 Lorbeerblätter

100 g Pancetta oder anderer Räucherspeck, gewürfelt

250 g Champignons, in Scheiben

400 g neue Kartoffeln

2 EL Petersilie, gehackt

250 g grüne Bohnen, geputzt

Die Hähnchenteile in dem Mehl wenden.

Einen Topf mit schwerem Boden mittelstark erhitzen. Das
Olivenöl hineingeben und das Fleisch darin von allen Seiten
goldbraun anbraten. Aus dem Topf nehmen und beiseitestellen.

In demselben Topf die Zwiebeln, die Karotten, den Sellerie und den Knoblauch zwei bis drei Minuten braten, bis das
Gemüse anfängt, weich zu werden. Sollte die Feuchtigkeit
im Topf nicht ausreichen, kann ein wenig Wasser zugegeben
werden. Den Wein mit der Brühe angießen und aufkochen.
Thymian, Lorbeerblätter und das Hähnchen zugeben und
zugedeckt 45 Minuten leicht köcheln lassen, dabei gelegentlich nachsehen, ob noch genügend Flüssigkeit im Topf ist
und gegebenenfalls nachfüllen.

Eine Pfanne stark, aber nicht bis zum Rauchpunkt erhitzen
und, je nach Größe der Pfanne, den Räucherspeck portionsweise darin anbraten. Sobald ein wenig Fett ausgetreten und
der Speck leicht gebräunt ist, die Champignons hinzufügen
und alles goldbraun anbraten. Anschließend die Speckwürfel
mit den Champignons auf eine Seite der Pfanne schieben. Je
nach Pfannengröße können Sie diesen Vorgang in mehreren
Portionen wiederholen.

Die Kartoffeln in einem Topf mit kaltem Wasser aufsetzen
und in 15 bis 20 Minuten weich kochen lassen; abgießen und
zurück in den Topf geben, um sie warm zu halten.

Den Speck und die Pilze mit der Petersilie zum Coq au Vin geben und 15 Minuten mitköcheln lassen.

Die grünen Bohnen wahlweise vier bis sechs Minuten dämpfen oder kochen, je nachdem, wie viel Biss sie noch haben sollen. Coq au Vin mit den Kartoffeln und den Bohnen anrichten und genießen.

Lachs-Buchweizennudel-Auflauf

Dazu schmeckt gedämpfter Brokkoli oder ein einfacher Rucolasalat.

4 PORTIONEN

300 g Lachsfilet, ohne Haut
1 TL Olivenöl extra vergine
250 g Buchweizennudeln
100 g Grünkohl, gehackt
1 große Zucchini, längs geviertelt und in Scheiben
   geschnitten
1 rote Zwiebel, in Ringen
4 Zehen Knoblauch, gehackt
1 EL Kräuter der Provence
1 EL Olivenöl extra vergine

Für die Soße

650 ml Milch oder eine pflanzliche Alternative
65 g Butter
65 g Buchweizen- oder Weizenmehl
150 g Cheddar-Käse, gerieben
2 EL Petersilie, gehackt
2 EL Kapern

Den Ofen auf 200 °C vorheizen.

Den Lachs mit dem Olivenöl bepinseln und auf ein Stück Alufolie platzieren. Falten und die Ecken einschlagen, sodass ein Päckchen entsteht. 15 Minuten im Ofen backen.

Die Nudeln nach Packungsanweisung kochen. In ein Sieb abgießen und mit kaltem Wasser abspülen, damit sie nicht verkleben; beiseitestellen.

Für die Soße die Milch in einem kleinen Topf aufkochen, dabei darauf achten, dass sie nicht überkocht. Als Nächstes in einem weiteren Topf die Butter schmelzen und das Mehl einrühren; dabei so viel Mehl verwenden, bis eine Mischung entstanden ist, die weder zu flüssig noch zu trocken ist. Für dieses Ergebnis benötigen Sie möglicherweise noch etwas mehr Mehl oder Butter. Bei kleiner Hitze eine halbe bis eine Minute leicht köcheln lassen, bis sich die Mischung vom Topfrand löst. Nach und nach unter ständigem Rühren die heiße Milch zugeben. Die Soße soll eine sämige Konsistenz haben. 100 g Käse, die Petersilie und die Kapern hinzufügen und von der Herdplatte nehmen.

Währenddessen den Grünkohl dämpfen oder kochen, bis er weich ist.

Eine Pfanne auf mittlerer Stufe erhitzen und die Zucchini, die roten Zwiebeln und den Knoblauch im Olivenöl etwa zwei bis drei Minuten weich dünsten. Den gegarten Grünkohl unterheben.

Den Grill auf höchster Stufe vorheizen.

Den Lachs aus dem Alufolienpäckchen nehmen und mit den Fingern zerpflücken. Mit den Nudeln, dem Gemüse und der Soße mischen und alles in eine ofenfeste Form füllen. Den restlichen Käse darüberstreuen und für etwa fünf Minuten unter den heißen Grill stellen, bis der Käse goldgelb und zerlaufen ist.

Blumenkohl-Grünkohl-Curry

4 PORTIONEN

200 g Buchweizen

2 EL Kurkuma

1 rote Zwiebel, gehackt

3 Zehen Knoblauch, gehackt

2,5 cm frischer Ingwer, gehackt

1–2 Bird Eye Chilis, gehackt

1 EL Kokosöl

1 EL mildes Currypulver

1 EL gemahlener Kreuzkümmel

800 g Tomatenstücke aus der Dose

300 ml Gemüsebrühe

200 g Grünkohl, grob gehackt

300 g Blumenkohl, gehackt

400 g Limabohnen aus der Dose, abgegossen und
    abgespült

2 Tomaten, in Scheiben

2 EL Korianderblätter, gehackt

Den Buchweizen nach Packungsanweisung garen, dabei
1 Esslöffel Kurkuma mit ins Kochwasser geben.

Währenddessen die Zwiebeln, den Knoblauch, den Ingwer und die Chilis im Kokosöl bei mittlerer Hitze zwei bis drei Minuten anbraten. Die Gewürze, inklusive des restlichen Kurkumapulvers, zugeben und bei etwas niedrigerer Stufe noch ein bis zwei Minuten mitgaren.

Die Tomatenstücke mit der Brühe hinzufügen und aufkochen, anschließend zehn Minuten köcheln lassen. Danach den Grünkohl mit dem Blumenkohl und den Limabohnen zugeben und weitere zehn Minuten garen. Zum Schluss die Tomatenscheiben und das Koriandergrün unterheben und noch eine Minute kochen. Mit dem Buchweizen servieren.

Kidney-Bohnen-Burritos

4 PORTIONEN

1 EL Olivenöl extra vergine
1 rote Zwiebel, gewürfelt
3 Zehen Knoblauch, gehackt
1 Bird Eye Chili, gehackt
1 EL Paprikapulver
1 EL gemahlener Kreuzkümmel
1 TL Chilipulver
1 EL Korianderblätter, gehackt
2 Tomaten, gehackt
1200 g (3 Dosen) Kidney-Bohnen, abgegossen und
   abgespült
500 ml Gemüsebrühe
150 g Cheddar-Käse oder vegane Alternative
8 Vollkorn-Tortillas
500 g Tomatenpassata bzw. -püree
200 g Jalapeños aus dem Glas (optional)

Für den Salat

125 g Rucola
1 rote Paprika, in Streifen
3 Tomaten, in Scheiben
½ kleine rote Zwiebel, in Ringen
1 Avocado, geschält, entsteint und in Scheiben
1 EL Olivenöl extra vergine
Saft von ½ Zitrone

Einen großen Topf auf mittlerer Stufe erhitzen. Das Olivenöl zugeben und die Zwiebeln, den Knoblauch und die Chilis darin ein bis zwei Minuten anschwitzen. Die Gewürze mit den Korianderblättern hinzufügen und ein bis zwei Minuten mitbraten. Die Tomaten, die Kidney-Bohnen und die Brühe in den Topf füllen und aufkochen lassen. Bei mittelstarker Hitze 20 Minuten offen garen, bis die Flüssigkeit größtenteils verdampft ist. Dabei immer wieder umrühren und im Auge behalten, um ein Anbrennen zu vermeiden. Von der Herdplatte nehmen und ein wenig abkühlen lassen.

Etwa ein Drittel der Kidney-Bohnen-Mischung beiseitestellen. Den Rest in einer Küchenmaschine oder einem Mixer fein pürieren und wieder in den Topf füllen, die unzerkleinerten Bohnen zugeben und unterrühren. Die Mischung sollte relativ fest sein. Am besten lassen sich die Burritos aufrollen, wenn die Bohnen vollständig abgekühlt sind.

Den Ofen auf 200 °C vorheizen.

Den Käse auf die Tortillas verteilen, dabei ein wenig zurücklegen, um sie zum Schluss damit zu bestreuen. Als Nächstes die Füllung auf den Käse geben und die Tortillas aufrollen.

Eine ofenfeste Form, in die alle Burritos in einer Schicht hineinpassen, dünn mit Passata befüllen. Darauf die Burritos platzieren, mit der restlichen Passata begießen. Den übrigen Käse und nach Belieben die Jalapeños darauf verteilen. Mit Alufolie bedecken und 20 bis 25 Minuten backen, dann die Folie entfernen und weitere fünf Minuten backen, bis der Käse goldbraun ist.

Sämtliche Zutaten für den Salat mischen und mit den noch heißen Burritos servieren.

 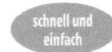

Schnelle Gemüsepfanne mit Brokkoli, Pak Choi und Arame-Algen

4 PORTIONEN

5 g Arame-Algen

1 EL Kokosöl

250 g Pak Choi, grob gehackt

1 rote Zwiebel, in dünnen Ringen

250 g Brokkoli, in mundgerechte Stücke zerteilt

1 große Karotte, längs halbiert und in schrägen Scheiben

2 cm frischer Ingwer, fein gehackt

1–2 Bird Eye Chilis, fein gehackt

3 Zehen Knoblauch, fein gehackt

150 ml Gemüsebrühe

1 Bund Basilikum, Blätter abgezupft und die Stängel
   gehackt

1 EL Tamari (oder Sojasoße, falls Sie nicht auf Gluten
   verzichten)

100 g Cashewkerne

250 g Buchweizennudeln

1 TL Olivenöl extra vergine

Die Arame-Algen nach Packungsanweisung zubereiten.

Einen Wok oder eine große Pfanne bis zum Rauchpunkt erhitzen. Das Kokosöl, das Gemüse, den Ingwer, die Chilis und den Knoblauch hineingeben und unter ständigem Schwenken drei bis fünf Minuten anbraten, um ein Anbrennen zu vermeiden – die Hitze, wenn nötig, währenddessen ein wenig reduzieren. Das Gemüse soll gar, aber noch knackig sein. Die Brühe mit dem Basilikum, dem Tamari und den Cashewkernen zugeben und in etwa 30 Sekunden heiß werden lassen.

In der Zwischenzeit die Nudeln nach Packungsanweisung garen. Mit kaltem Wasser abschrecken und mit dem Olivenöl vermischen, damit sie nicht verkleben.

Das Pfannengemüse mit den heißen Nudeln servieren.

Tofu-Kürbis-Topf

4 PORTIONEN

1 EL Olivenöl extra vergine

1 rote Zwiebel, gewürfelt

100 g Stangensellerie, gewürfelt

100 g Karotte, gewürfelt

2 Zehen Knoblauch, gehackt

1 EL Kräuter der Provence

1 l Gemüsebrühe

800 g weiße Bohnen aus der Dose (wie Cannellini oder Haricot), abgegossen und abgespült

1 EL Tomatenmark

500 g Butternut-Kürbis, in mundgerechte Stücke zerteilt

100 g Grünkohl, gehackt

350 g fester Tofu, in mundgerechte Stücke zerteilt

1 EL Petersilie, gehackt

Einen großen Topf auf mittlerer Stufe erhitzen. Das Olivenöl hineingeben und die Zwiebeln, den Sellerie, die Karotten, den Knoblauch und die getrockneten Kräuter zwei bis drei Minuten darin anschwitzen. Die Brühe mit den Bohnen und dem Tomatenmark hinzufügen, aufkochen, dann auf kleinerer Stufe zehn Minuten köcheln lassen.

Den Kürbis dazugeben und weitere zehn Minuten garen. Anschließend den Grünkohl mit in den Topf füllen und in etwa fünf bis sieben Minuten weich kochen. Schließlich den Tofu und die Petersilie einrühren, einmal aufkochen und sofort servieren.

Einfaches Kichererbsen-Curry

4 PORTIONEN

1 EL Kokosöl
1 rote Zwiebel, in Ringen
3 Zehen Knoblauch, fein gehackt
2 cm frischer Ingwer, fein gehackt
1–2 Bird Eye Chilis, gehackt
1 EL mildes Currypulver
1 EL gemahlener Kreuzkümmel
2 EL Kurkuma
3 Strauchtomaten
500 ml Gemüsebrühe
80 g Grünkohl, gehackt
800 g Kichererbsen aus der Dose, abgegossen und abgespült
300 g Buchweizen
2 EL Korianderblätter, gehackt
150 g Naturjoghurt

Einen großen Topf auf mittlerer Stufe erhitzen. Das Kokosöl
hineingeben und die Zwiebeln, den Knoblauch, den Ingwer
und die Chilis zwei bis drei Minuten anbraten. Die Hitze reduzieren und das Currypulver mit dem Kreuzkümmel sowie der
Hälfte des Kurkumas ein bis zwei Minuten anschwitzen.

Die Tomaten in acht Spalten schneiden, dabei den Saft möglichst vollständig auffangen. In den Topf geben und ein bis zwei Minuten auf mittlerer Stufe mitkochen.

Die Brühe, den Grünkohl und die Kichererbsen ebenfalls zugeben, aufkochen und sieben bis acht Minuten auf mittlerer Stufe garen.

Während das Curry kocht, den Buchweizen nach Packungsanweisung zubereiten, dabei den übrigen Esslöffel Kurkumapulver mit ins Kochwasser geben.

Sobald der Grünkohl zart ist, die Korianderblätter und den Joghurt unter das Curry rühren, einmal aufkochen lassen und von der Herdplatte nehmen. Sollte die Soße zu dickflüssig sein, kann ein wenig Wasser zugegeben werden. Mit dem Buchweizen servieren.

Auberginen-Linsen-Moussaka mit Grünkohl

Dieses Gericht lässt sich wunderbar vorbereiten. Folgen Sie einfach der Beschreibung bis zu dem Punkt, an dem die Moussaka in den Ofen müsste. Sie kann dann bis zur Verwendung im Kühlschrank aufbewahrt werden.

4 PORTIONEN

2 EL Olivenöl extra vergine
1 rote Zwiebel, gewürfelt
2–3 Zehen Knoblauch, gehackt
100 g Stangensellerie, gewürfelt
100 g Karotten, gewürfelt
150 ml Rotwein
300 ml Gemüsebrühe
1 EL Oregano
1 EL Rosmarin
2 Lorbeerblätter
400 g grüne Linsen aus der Dose, abgegossen und
    abgespült
400 g Tomatenstücke aus der Dose
150 g Grünkohl, gehackt
4 große Auberginen

Für die Soße

750 ml Milch oder vegane Alternative
60 g Butter oder Kokosöl
65 g Buchweizen- oder Weizenmehl
100 g Cheddar oder ähnlicher Hartkäse, gerieben

In einem großen Topf mit schwerem Boden 1 Esslöffel Olivenöl erhitzen und darin die Zwiebeln, den Knoblauch, den Sellerie und die Karotten bei mittlerer Hitze in zwei bis drei Minuten weich dünsten. Den Wein mit der Brühe und den Kräutern angießen und zum Kochen bringen.

Die Linsen samt den Tomaten zugeben und aufkochen, anschließend bei niedrigerer Hitze 30 Minuten zugedeckt köcheln lassen. Den Grünkohl hinzufügen und weitere zehn Minuten kochen.

In der Zwischenzeit den Ofen auf 200 °C vorheizen. Die Auberginen längs in 1 cm dicke Scheiben schneiden, mit dem restlichen Olivenöl bepinseln und auf ein antihaftbeschichtetes oder mit Backpapier ausgelegtes Backblech legen. Auf jeder Seite sieben bis acht Minuten backen, danach auf einem Teller beiseitestellen. Die Temperatur auf 220 °C erhöhen.

Für die Soße die Milch in einem kleinen Topf aufkochen, dabei darauf achten, dass sie nicht überkocht. Danach in einem weiteren Topf die Butter schmelzen und das Mehl einrühren; die Mischung sollte weder zu flüssig noch zu dick sein. Möglicherweise benötigen Sie dafür etwas mehr Butter oder Mehl als angegeben. Auf niedriger Stufe eine halbe bis eine Minute köcheln lassen. Sobald sich die Mischung vom Topfrand absetzt, unter ständigem Rühren nach und nach die heiße Milch angießen, bis die Soße die gewünschte sämige Konsistenz erreicht hat. Den Käse bis auf eine Handvoll in die Soße rühren, von der Herdplatte nehmen und beiseitestellen.

Um das Moussaka einzuschichten, wird zunächst eine kleine Menge Soße auf dem Boden einer hitzebeständigen Form verteilt. Mit einer Lage Auberginen bedecken, darauf die Linsenfüllung. Es folgt abermals eine Lage Auberginen, die erneut mit ein wenig Linsenfüllung bedeckt wird; zum Abschluss noch eine Schicht Auberginen. Mit der Soße übergießen und dem zurückbehaltenen Käse bestreuen.

In den heißen Ofen schieben und 15 bis 20 Minuten backen. Bei einer vorbereiteten Moussaka, die direkt aus dem Kühlschrank kommt, verlängert sich die Backzeit um zehn bis 15 Minuten. Die Moussaka ist fertig, wenn der Käse schön zerlaufen und goldbraun ist.

Säfte, Smoothies und andere Getränke

Wichtiger Hinweis: Für die Zubereitung der Säfte in diesem Abschnitt wird ein Entsafter benötigt, während die Smoothies am besten mithilfe eines Hochleistungsmixers oder Smoothie-Makers gelingen.

Grüner Saft mit Pak Choi und Rucola

Dies ist die erste von zwei Alternativen für den klassischen grünen Sirtfood-Saft, mit dem Sie für ein wenig Abwechslung sorgen können, ohne dabei auf den allmorgendlichen Sirtfood-Kick verzichten zu müssen.

1 PORTION

1 mittelgroßer (100 g) Pak Choi
1 große Handvoll (30 g) Rucola
1 mittelgroße Handvoll (15 g) Brunnenkresse
1 sehr kleine Handvoll (5 g) Schnittlauch
2–3 lange, grüne Selleriestangen (150 g), samt den Blättern
1–2 cm frischer Ingwer
Saft von ½ Zitrone
½ gestr. TL Matcha

Den Pak Choi mit dem Rucola, der Brunnenkresse und dem Schnittlauch vermengen und entsaften.

Anschließend den Sellerie und den Ingwer in den Entsafter geben.

Die Zitrone kann geschält ebenfalls in den Entsafter gesteckt werden, wir finden es jedoch einfacher, sie von Hand in den Saft zu pressen. Sie sollten nun insgesamt etwa 250 ml Saft haben, vielleicht auch ein wenig mehr.

Das Matcha-Pulver immer erst kurz vor dem Servieren in den fertigen Saft geben. Dafür ein wenig Saft in ein Glas gießen, das Matcha-Pulver hinzufügen und mit einer Gabel oder einem Teelöffel kräftig verrühren. Sobald das Pulver aufgelöst ist, den restlichen Saft aufgießen. Ein letztes Mal umrühren, und der Saft ist fertig.

Brunnenkresse-Limetten-Saft

Und hier haben wir die zweite Alternative für den klassischen grünen Sirtfoodsaft, um für ein wenig Vielfalt in Ihrem Repertoire an grünen Frühstückssäften zu sorgen.

1 PORTION

3 große Handvoll (75 g) Brunnenkresse
2–3 lange, grüne Selleriestangen (150 g), samt den Blättern
1 grüner Apfel
1–2 cm frischer Ingwer
Saft von 1 Limette
½ gestr. TL Matcha

Zunächst die Brunnenkresse entsaften, danach den Sellerie mit dem Apfel und den Ingwer in den Entsafter geben.

Die Zitrone kann geschält ebenfalls in den Entsafter gesteckt werden, wir finden es jedoch einfacher, sie von Hand in den Saft zu pressen. Sie sollten nun insgesamt etwa 250 ml Saft haben, vielleicht auch ein wenig mehr.

265

Das Matcha-Pulver immer erst kurz vor dem Servieren in den fertigen Saft geben. Dafür ein wenig Saft in ein Glas gießen, das Pulver zufügen und mit einer Gabel oder einem Teelöffel kräftig verrühren. Sobald das Matcha-Pulver aufgelöst ist, den restlichen Saft aufgießen. Ein letztes Mal umrühren, und der Saft ist fertig.

Apfel-Karotten-Smoothie mit Ingwer

Sie erhalten eine geschmacklich etwas andere Note, wenn Sie anstatt Wasser Kokoswasser oder ungesüßte Mandelmilch verwenden.

1 PORTION

200 ml Wasser
25 g Karotte, geraspelt
90 g Apfel, ungeschält und in Scheiben
5 g frischer Ingwer, in Scheiben
10 g Walnüsse
1 Medjool-Dattel, entkernt
½–1 TL Kurkuma, je nach Geschmack

Sämtliche Zutaten in einen Hochleistungsmixer füllen und pürieren.

Bananen-Beeren-Smoothie

Sie erhalten eine geschmacklich etwas andere Note, wenn Sie anstatt Wasser Kokoswasser oder ungesüßte Mandelmilch verwenden.

1 PORTION

150 ml Wasser
70 g Erdbeeren, geputzt und halbiert
40 g Himbeeren
40 g Brombeeren
50 g Bananen, in Scheiben
10 g Walnüsse

Sämtliche Zutaten in einen Hochleistungsmixer füllen und pürieren.

Grüntee-Rucola-Smoothie

Sie erhalten eine geschmacklich etwas andere Note, wenn Sie anstatt Wasser Kokoswasser oder ungesüßte Mandelmilch verwenden.

1 PORTION

200 ml Wasser
50 g Bananen, in Scheiben
25 g Medjool-Datteln, entkernt
15 g Rucola
1 TL Matcha
5 g Petersilie

Sämtliche Zutaten in einen Hochleistungsmixer füllen und pürieren.

Erdbeer-Schokoladen-Milch

Einen veganen Drink erhalten Sie, wenn Sie die Milch durch eine pflanzliche Alternative wie zum Beispiel Soja- oder Mandelmilch ersetzen.

1 PORTION

150 g Erdbeeren, geputzt und halbiert
1 EL Kakao
10 g Medjool-Datteln, entkernt
10 g Walnüsse
200 ml Milch oder eine pflanzliche Alternative

Sämtliche Zutaten in einen Hochleistungsmixer füllen und geschmeidig pürieren.

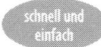

Ananas-Lassi

1 PORTION

200 g Ananas, grob zerteilt
150 g griechischer Joghurt
4–5 Eiswürfel
1 TL Kurkuma

Sämtliche Zutaten in einen Hochleistungsmixer füllen und pürieren. Ist die Mischung zu dickflüssig, einfach ein wenig Wasser zugeben und bis zur gewünschten Konsistenz verarbeiten.

271

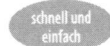

Erdbeer-Lassi

1 PORTION

150 g Erdbeeren, geputzt und halbiert
150 g griechischer Joghurt
4–5 Eiswürfel
1 Prise gemahlener Kardamom

Sämtliche Zutaten in einen Hochleistungsmixer füllen und pürieren. Ist die Mischung zu dickflüssig, einfach ein wenig Wasser zugeben und bis zur gewünschten Konsistenz verarbeiten.

Sirt-Shot

Dieser Drink ist nichts für zarte Gemüter. Er hat eine äußerst belebende Wirkung und kann einem ganz schön einheizen. Genau das Richtige, wenn Sie mal etwas Abwechslung zu dem üblichen grünen Saft benötigen oder sich einen gehörigen Energieschub verpassen wollen. Wohl bekomm's!

1 PORTION

3–5 cm (10 g) frische Kurkumawurzel, geschält
4–6 cm (25 g) frischer Ingwer, geschält
½ mittelgroßer (70 g) Apfel, mit Schale
Saft von ¼ Zitrone
1 Prise schwarzer Pfeffer

Die Kurkumawurzel, den Ingwer und den Apfel entsaften.

Die Zitrone kann geschält ebenfalls in den Entsafter gegeben werden, wir finden es jedoch einfacher, sie von Hand in den Saft zu pressen.

Ein wenig schwarzen Pfeffer in den Saft mahlen, umrühren – fertig.

Heiße Schokolade mit Chili

Dieses Rezept lässt sich auch vegan zubereiten, indem Sie statt zu Milch zu einer pflanzlichen Alternative wie zum Beispiel ungesüßter Mandel- oder Sojamilch greifen.

1 PORTION

1 Bird Eye Chili
250 ml Milch oder eine pflanzliche Alternative
1 TL Kakaopulver
35 g dunkle Schokolade (Kakaoanteil 70 %), geraspelt
1 TL Dattelsirup

Die Chili halbieren und in sechs bis sieben Stücke hacken.

Mit den übrigen Zutaten in einen kleinen Topf geben und bei mittlerer Hitze langsam zum Kochen bringen; dabei gelegentlich umrühren und darauf achten, dass die Milch nicht überkocht oder anbrennt.

Alles etwa zwei bis drei Minuten sanft köcheln lassen, anschließend von der Herdplatte nehmen und eine Minute ziehen lassen. Durch ein feines Sieb gießen und servieren.

Heiße Kurkumamilch

Wir möchten Ihnen für dieses Rezept ausdrücklich ans Herz legen, Vollmilch zu verwenden, da der höhere Fettgehalt für eine verbesserte Aufnahme der aktiven Nährstoffe des Kurkumas sorgt. Die Wärme und der schwarze Pfeffer tun ihr Übriges, um diese Wirkung noch zu verstärken.

1 PORTION

275 ml Vollmilch
1 TL Kurkuma
1 cm frischer Ingwer, gehackt oder gerieben
1 EL Dattelsirup
1 Prise schwarzer Pfeffer

Die Milch mit dem Kurkuma und dem Ingwer in einen Topf gießen und bei mittlerer Hitze erwärmen, bis sie leicht köchelt. Dabei immer wieder umrühren, damit die Milch nicht anbrennt oder überkocht.

Die Hitze zurückschalten und fünf Minuten nur noch sieden lassen; das nimmt dem Kurkuma seinen leicht bitteren Geschmack. Den Dattelsirup und den schwarzen Pfeffer unterrühren und von der Herdplatte nehmen. Fünf Minuten zugedeckt ziehen lassen, danach durch ein feines Sieb abgießen und genießen.

Vegane Mokkamilch

1 PORTION

250 ml pflanzliche Milch (wie Mandel-, Kokos- oder
 Sojamilch)
50 g vegane dunkle Schokolade (Kakaoanteil mindestens
 70 %), geraspelt
1 TL lösliches Kaffeepulver (oder nach Belieben mehr)
1 TL Dattelsirup

Die Zutaten in einen Topf füllen und sanft bei mittlerer Hitze
aufkochen, dabei gelegentlich umrühren, damit die Milch
nicht anbrennt oder überkocht. Dann die Hitze reduzieren,
bis die Milch nur noch siedet. Sobald die Schokolade vollständig geschmolzen ist, servieren.

Süßes

  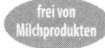

Veganer Käsekuchen mit Vanille und Zitrone

Verwenden Sie für dieses Rezept nach Wunsch eine Spring-
form von 20 Zentimetern oder aber Muffinförmchen aus
Silikon. Bei Letzterem hängt die Anzahl der Kuchen von der
Teigmenge ab, die Sie in die einzelnen Mulden füllen.

ERGIBT 8–12 STÜCK

200 g Cashewkerne
160 ml Mandel-, Kokos- oder Sojamilch
100 g Kokosöl
100 g Medjool-Datteln, entkernt
1 Zitrone, unbehandelt
Mark von 1 Vanilleschote

Für den Boden

100 g Walnüsse
75 g Medjool-Datteln, entkernt und grob gehackt
15 g Buchweizenflocken

Mögliche Toppings (optional)

150 g Erdbeeren, klein geschnitten
150 g Blaubeeren
150 g vegane dunkle Schokolade (Kakaoanteil 70 %),
   geraspelt

Die Cashews in der Milch einweichen und beiseitestellen,
während Sie den Boden herstellen.

Dafür die Walnüsse in einer Küchenmaschine sehr fein
mahlen. Die Datteln und die Buchweizenflocken zugeben
und zu einer krümeligen Masse verarbeiten.

Den Boden der gewünschten Backform(en) mit der Masse
belegen und mit den Händen zu einer festen Schicht
andrücken. In den Kühlschrank stellen.

Die Cashews samt der Milch, dem Kokosöl und den Datteln in
einen Mixer füllen und in etwa zwei bis drei Minuten zu einer
cremigen Paste verarbeiten. Die Schale von der Zitrone so
fein wie möglich abreiben, anschließend den Saft auspressen
und beides mit dem Vanillemark unter die Paste rühren.

Die Paste auf dem gekühlten Boden (beziehungsweise den
gekühlten Böden) verteilen und mit der Rückseite eines
Löffels glatt streichen. Etwa zwei bis drei Stunden im Kühlschrank fest werden lassen, je nach Größe der gewählten

Form(en). Der Kuchen oder die Muffins sind ein wenig hart, wenn sie direkt aus dem Kühlschrank serviert werden, sie sollten daher mindestens 30 Minuten vor dem Verzehr herausgenommen werden.

Wurden Silikonformen verwendet, können die Muffins einfach aus den Mulden gedrückt werden. Falls die Form aus Blech besteht, den oder die Kuchen mithilfe eines Messers vom Rand lösen und herausnehmen. Den beziehungsweise die Käsekuchen nach Wunsch mit einem der Toppings belegen oder pur genießen.

Dattel-Mokka-Törtchen

6 PORTIONEN

375 ml Milch oder eine pflanzliche Alternative
500 g Medjool-Datteln, entkernt und gehackt
Mark von 1 Vanilleschote oder 1 TL Vanille-Extrakt
½ EL starkes, lösliches Kaffee- oder Espressopulver
2 Eigelb von mittelgroßen Eiern
1 EL Maismehl
100 g dunkle Schokolade (Kakaoanteil 70 %)

Zum Garnieren (optional)

½ EL Kakaopulver
Walnüsse, gehackt

Sechs Backförmchen à 7,5 cm bereithalten.

325 ml Milch in einen Topf mit schwerem Boden gießen.
Die Datteln hinzufügen und vorsichtig erhitzen, dabei immer
wieder umrühren, damit sie sich nicht am Topfboden fest-
setzen. Das Vanillemark und den Kaffee dazugeben und so
lange rühren, bis sich das Granulat vollständig gelöst hat.

Währenddessen in einer Schüssel das Eigelb mit dem Maismehl und den restlichen 50 ml Milch in einer Schüssel vermengen. Die Schokolade in eine hitzebeständige Schüssel über einen Topf mit siedendem Wasser geben. Dabei darauf achten, dass der Boden der Schüssel das Wasser nicht berührt. Sobald die Schokolade geschmolzen ist, den Topf von der Herdplatte nehmen.

Wenn die Milch zu kochen beginnt, von der Herdplatte nehmen und mit einem Schneebesen die Maismehlmischung einrühren. Dabei wird die Milch sofort fester. Den Topf bei sehr niedriger Stufe für ein paar Minuten wieder auf die Herdplatte stellen, bis die Masse eine puddingähnliche Konsistenz hat.

Diese Crème über die geschmolzene Schokolade gießen und verquirlen, bis die Oberfläche der Masse schön glänzt. In die Förmchen gießen und abkühlen lassen, bevor Sie diese für mindestens zwei Stunden in den Kühlschrank stellen.

Die Törtchen nach Belieben pur oder mit Kakaopulver beziehungsweise gerösteten Walnüssen bestreut servieren.

Cupcakes mit Schokolade und Popcorn

Diese Cupcakes gelingen im Handumdrehen, allerdings sollte man sie noch am gleichen Tag essen, da sie schnell weich werden. Falls Sie sie vegan zubereiten möchten, greifen Sie zu pflanzlicher Milch und achten Sie darauf, dass die Schokolade, die Sie verwenden, keinerlei Milchprodukte enthält.

ERGIBT 8 CUPCAKES

70 g Popcornmais
1 EL Kokosöl
150 g dunkle Schokolade (Kakaoanteil 70 %)
115 ml Milch oder eine pflanzliche Alternative
55 g Medjool-Datteln, entkernt und fein gehackt
35 g Walnüsse, fein gehackt

Einen Topf mit schwerem Boden und einem gut schließenden Deckel auf mittlerer Stufe erhitzen. Die Maiskörner mit dem Öl vermischen, in den Topf füllen und abdecken. Den Topf beständig ein wenig schwenken, um die Maiskörner darin in Bewegung zu halten. Sobald die Maiskörner aufpoppen, die Temperatur erhöhen und so stark wie möglich den mit dem Deckel verschlossenen Topf schwenken. Wenn nur noch etwa alle zwei bis drei Sekunden ein Aufpoppgeräusch zu hören ist, den Topf vom Herd nehmen und den Inhalt in eine Schüssel füllen. Sämtliche nicht aufgeplatzten Maiskörner aussortieren und wegwerfen. Zum Abkühlen beiseitestellen.

Die Schokolade in eine hitzebeständige Schüssel über einen Topf mit siedendem Wasser geben. Dabei darauf achten, dass der Boden der Schüssel das Wasser nicht berührt. Sobald die Schokolade darin geschmolzen ist, den Topf von der Herdplatte nehmen. Nun die Milch nach und nach so lange mit einem Schneebesen unterrühren, bis eine glänzende Crème entstanden ist. Die Datteln und die Walnüsse sorgfältig unterrühren, damit die Datteln keine Klumpen bilden.

Das vollständig abgekühlte Popcorn vorsichtig mithilfe eines Teigschabers unter die Schokoladenmasse heben. In Cupcakeförmchen füllen und eineinhalb bis zwei Stunden vor dem Servieren in den Kühlschrank stellen.

vegetarisch   glutenfrei

Sirt-Sticky Toffee-Pudding

Dieses traditionelle schottische Gericht kann auch vegan zubereitet werden, indem statt der Butter Kokosöl verwendet wird. Falls Sie keine gemahlenen Walnüsse bekommen, einfach die entsprechende Menge Walnüsse mit einer Küchenmaschine zu feinsandiger Beschaffenheit verarbeiten.

4–6 PORTIONEN

250 g Medjool-Datteln, entkernt
200 ml Wasser
2 TL Natron
200 g Walnüsse, gemahlen
50 g Buchweizenmehl, gesiebt
100 g Butter oder Kokosöl, plus ein wenig zum Fetten
    der Form

Für die Toffeesoße

200 ml Kokossahne
100 g Medjool-Datteln, entkernt

150 ml Wasser

75 g Butter oder Kokosöl

Den Ofen auf 170 °C vorheizen. Eine Kastenform von 20 cm Länge leicht einfetten.

Für den Pudding die Datteln mit 200 ml kochendem Wasser übergießen und fünf bis zehn Minuten einweichen lassen.

Anschließend mit der Einweichflüssigkeit in einer Küchenmaschine oder einem Mixer mit der Pulse-Funktion zu einer groben Masse verarbeiten. Das Natron zugeben und erneut pürieren.

Die gemahlenen Walnüsse mit dem Buchweizenmehl und der Butter zugeben. Zu einer geschmeidigen Masse pürieren.

Die Masse in die vorbereitete Backform füllen und die Oberfläche glatt streichen, danach für 30 Minuten in den Ofen schieben. (Wenn Sie einen Holzspieß in den Kuchen stechen, sollte nach dem Herausziehen keine Teigmasse daran haften.)

Während der Backzeit wird die Soße zubereitet. Dafür sämtliche Zutaten in einem kleinen Topf zum Kochen bringen. Von der Herdplatte nehmen und fünf bis zehn Minuten zum Abkühlen beiseitestellen. Anschließend pürieren, bis die Soße schön cremig ist. Je nach Marke der verwendeten

Kokossahne muss unter Umständen ein wenig Wasser zugegeben werden, sollte die Soße zu dick sein.

Sobald der Pudding fertig ist, die Soße zurück in den Topf
gießen, aufwärmen und über den noch warmen Pudding verteilen. Sofort servieren.

Chocolate Chip Cookies aus Buchweizenmehl

ERGIBT ETWA 20 STÜCK

120 g dunkle Schokolade (Kakaoanteil 70 %), plus zusätzlich
75 g zerhackt in »Chips« (alternativ können auch Kakao-
Nibs verwendet werden)
20 g Kakaopulver
125 g Buchweizenmehl
1 TL Natron
100 g Butter, zimmerwarm
2 mittelgroße Eier
2 EL Dattelsirup
1 TL Vanille-Extrakt
125 g Medjool-Datteln, entkernt und fein gehackt

120 g Schokolade in eine hitzebeständige Schüssel über
einen Topf mit siedendem Wasser geben. Dabei darauf achten, dass der Boden der Schüssel das Wasser nicht berührt.
Sobald die Schokolade darin geschmolzen ist, den Topf von
der Herdplatte nehmen.

Das Kakaopulver mit dem Buchweizenmehl in eine Schüssel
sieben, danach das Natron zugeben. Die Butter entweder mit
den Knethaken der Küchenmaschine oder mit den Fingern

gleichmäßig unter die Mehlmischung kneten. Nun die Eier mit dem Sirup und den Vanille-Extrakt zugeben und sorgfältig verrühren. Die geschmolzene Schokolade, die Datteln und die Chocolate Chips unterheben.

Ein 50 bis 60 cm großes Stück Frischhaltefolie auf die Arbeitsfläche legen. Darauf die Schokoladenmischung in Form eines Rechtecks ausbreiten. Unter Zuhilfenahme der Frischhaltefolie den Teig zu einer festen Rolle von 4 bis 5 cm Durchmesser formen und die Enden verdrehen. Den Teig für mindestens eine Stunde in den Kühlschrank legen. Alternativ können Sie auch mithilfe eines Löffels Teighäufchen auf das mit Backpapier ausgelegte Blech setzen und diese zu 4 bis 5 cm großen Plätzchen formen, falls Ihnen das leichter fällt.

Den Ofen auf 170 °C vorheizen. Den gut gekühlten Teig in 1 cm dicke Scheiben schneiden und auf ein mit Backpapier ausgelegtes Blech legen.

Die Cookies acht Minuten backen. Zunächst fünf Minuten auf dem Backblech abkühlen lassen, dann auf ein Kuchengitter legen und vollständig auskühlen lassen. Nicht verbrauchter Teig kann, sorgfältig in Frischhaltefolie verpackt, bis zu drei Monate im Kühlschrank aufbewahrt werden.

vegetarisch   glutenfrei   schnell und einfach

Schnelle Erdbeermousse

Bei diesem Dessert kommt es darauf an, durch und durch
reife, schmackhafte Früchte zu verwenden. Die Mousse wird
fester, wenn sie ein paar Stunden vor dem Servieren im Kühlschrank aufbewahrt wird.

4 PORTIONEN

500 g Erdbeeren, geputzt
200 g (2 mittelgroße) Bananen
100 g griechischer Joghurt
Kakao-Nibs, zum Garnieren (optional)

Sämtliche Zutaten bis auf die Kakao-Nibs in einem Mixer zu
einer cremigen Masse pürieren. In Dessertschüsseln oder
Auflaufförmchen füllen und entweder sofort servieren oder
bis zur Verwendung im Kühlschrank aufbewahren.

Nach Belieben mit ein paar Kakao-Nibs garnieren.

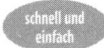

Schoko-Erdbeeren

4 PORTIONEN

70 g dunkle Schokolade (Kakaoanteil 85 %)
½ TL Vanille-Extrakt
20 Erdbeeren

Die Schokolade in eine hitzebeständige Schüssel über einen Topf mit siedendem Wasser geben und darin schmelzen lassen. Der Boden der Schüssel sollte dabei nicht mit dem Wasser in Berührung kommen. Den Vanille-Extrakt vorsichtig unterrühren und den Topf von der Herdplatte nehmen.

Ein Backblech mit Backpapier belegen. Die Erdbeeren in die geschmolzene Schokolade tunken und auf das Backpapier legen. Für eine Stunde in den Kühlschrank stellen und genießen.

Heiße Schokoladen-Soufflés

Ergibt 4–6 Stück

5 g Butter oder Kokosöl zum Fetten der Förmchen
100 g dunkle Schokolade (Kakaoanteil 70 %)
50 ml Dattelsirup
125 g Butter oder Kokosöl
4 mittelgroße Eier, getrennt
50 g Kakaopulver
1 Prise Salz
1 EL Kakao-Nibs

Den Ofen auf 180 °C vorheizen. Vier bis sechs Backförmchen leicht einfetten (je nachdem wie hoch die Soufflés gewünscht werden).

Die Schokolade mit dem Sirup und der Butter in eine hitzebeständige Schüssel über einen Topf mit siedendem Wasser geben und schmelzen lassen. Wichtig ist, dass der Boden der Schüssel dabei nicht mit dem heißen Wasser in Berührung kommt. Anschließend gut verrühren und zum Abkühlen beiseitestellen.

In einem Mixer oder mithilfe eines Handrührgeräts das Eigelb auf höchster Stufe mixen, bis sich die Masse verdoppelt hat und von cremiger Farbe ist. Das Kakaopulver mit dem Salz darübersieben und bei niedriger Geschwindigkeit gründlich verrühren.

In einer separaten Schüssel das Eiweiß auf höchster Stufe schlagen, bis es weiche Spitzen formt – es soll nicht zu fest werden.

Nun die Eigelbmischung vorsichtig unter die Schokolade heben. Von dem geschlagenen Eiweiß zunächst ein Drittel unterheben, danach, sehr vorsichtig, den Rest. Die Bläschen im Eischnee sollen unbedingt erhalten bleiben, da diese dafür sorgen, dass die Soufflés schön aufgehen und locker werden.

Den Teig mithilfe eines Löffels in die Förmchen füllen. Es kann dafür auch ein Spritzbeutel verwendet werden. Zu diesem Zweck die Mischung in den Beutel füllen und in die Förmchen drücken. Die Oberfläche mit der Rückseite eines Löffels glatt streichen und mit den Kakao-Nibs bestreuen.

Zehn bis zwölf Minuten backen. Die Soufflés sollten schön aufgegangen und außen gar sein, innen jedoch noch einen flüssigen Kern haben. Sofort servieren – doch Vorsicht, sie sind sehr heiß!

Glossar

Antioxidans In Lebensmitteln natürlich vorkommende beziehungsweise auch künstlich hergestellte Substanzen, durch deren Verzehr der oxidative Stress auf unsere Körperzellen verringert wird.

Autophagie Der Prozess, in dem Zellen ihre eigenen Bestandteile abbauen und Abfallstoffe sowie Ablagerungen recyceln, um sie als Energiequelle zu verwenden. Vor allem in Phasen zellulärer Belastung kommt es vermehrt zu Autophagie.

Blaue Zonen Bestimmte Regionen der Welt, wo sich Menschen besonders sirtfoodreich ernähren und außergewöhnlich lange, gesund und zufrieden leben.

Circadianer Rhythmus Unsere natürliche innere Uhr, die im 24-Stunden-Zyklus läuft und die Aktivität sowie Effizienz vieler wichtiger körperlicher Prozesse abhängig von der Tageszeit regelt, beispielsweise Schlaf und wie wir Nahrung verarbeiten.

DHA (Docosahexaensäure) Eine der beiden wichtigsten Omega-3-Fettsäuren (neben EPA), die vorwiegend in fettem Fisch und Meerespflanzen wie Algen enthalten ist. Sie steigert die Aktivität unserer Sirtuine und verbessert somit unseren Gesundheitszustand.

Entzündungsaltern oder Inflammaging Eine anhaltende, schwache Entzündung, zu der es mit fortschreitendem Alter kommt und die das Risiko für zahlreiche chronische Krankheiten erhöht.

EPA (Eicosapentaensäure) Eine der beiden wichtigsten Omega-3-Fettsäuren (neben DHA), die vorwiegend in fettem Fisch enthalten ist; sie steigert die Aktivität unserer Sirtuine und wirkt sich somit positiv auf unseren Gesundheitszustand aus.

Gen Ein Abschnitt unserer DNA, sozusagen der Konstruktionsplan unseres Körpers. Wird ein Gen aktiviert, signalisiert es dem Körper, Proteine zu bilden, die Einfluss auf die Funktionsweise unserer Zellen nehmen.

Hormesis Bezeichnet die Hypothese, dass giftige Substanzen oder Belastungen, die in hohen Mengen schädlich oder tödlich wären, in geringen Dosen eine positive Wirkung auf uns haben können. Beispiele hierfür sind Sport oder Fasten.

Intermittierendes Fasten Überbegriff für Diäten, deren Gemeinsamkeit darin besteht, dass sich Phasen der Kalorienrestriktion (Fastentage) mit Zeiten, in denen nach Belieben gegessen wird, abwechseln. Für gewöhnlich ist die Zahl der Fastentage auf ein bis drei Tage pro Woche begrenzt, wobei diese normalerweise intensiver ausfallen als eine normale Kalorienrestriktion.

Kalorienrestriktion Vorsätzliche Begrenzung der Kalorienzufuhr als Ernährungsmaßnahme, die darauf abzielt, das Gewicht zu reduzieren, den Gesundheitszustand zu verbessern und die Lebenserwartung zu verlängern.

Leucin Eine essenzielle Aminosäure, die Bestandteil von Proteinen aus der Nahrung ist. Proteine verstärken effektiv die positive Wirkung von Sirtfoods, weshalb eine Sirtuin-Diät auch reich an Proteinen sein sollte.

Master-Regulator Ein Gen beziehungsweise Molekül, das Einfluss auf Gene an der Spitze unserer genetischen Hierarchie ausübt und andere Gene, die sich auf den Stufen darunter befinden, steuert und kontrolliert.

Mitochondrien Winzige Strukturen in einer Zelle, die Nährstoffe spalten und Energie produzieren. Sie versorgen die Zelle mit Treibstoff, damit diese ihre Funktion ausüben kann. Muskelzellen benötigen sehr viel Energie und enthalten daher besonders viele Mitochondrien.

mTOR (mammalian Target of Rapamycin) Reguliert das Wachstum unserer Körperzellen. Seine Aktivität muss jedoch in Schach gehalten werden, da dies ansonsten die Entstehung von Krankheiten begünstigt. Bestimmt wird die Aktivität von mTOR vor allem durch unsere Essgewohnheiten.

Muskelzuwachsbereinigter Gewichtsverlust Mithilfe dieser Methode kann der Gewichtsverlust so berechnet werden, dass er nicht mehr vom an sich erstrebenswerten Muskelzuwachs verzerrt wird. Veränderungen der allgemeinen Körperzusammensetzung lassen sich auf diese Weise sehr viel genauer bestimmen als rein durch die Zahl der verlorenen Kilos.

PGC-1-α (Peroxisome proliferator activated receptor γ coactivator 1 alpha) Spielt eine zentrale Rolle bei der Regulation des Energiestoffwechsels, der die Biogenese der Mitochondrien in unseren Zellen stimuliert (siehe Mitochondrien, weiter oben).

Polyphenole Eine große Gruppe natürlicher Verbindungen, die Teil der pflanzlichen Verteidigungsstrategie gegen Umweltbelastungen ist. Durch den Verzehr bestimmter Polyphenole werden unsere Sirtuine aktiviert, ein Prozess, auf dem ein Großteil der positiven Wirkung der Sirtuin-Diät beruht.

PPAR γ (Peroxisom-Proliferator-aktivierter Rezeptor-γ)
Ein Hauptregulator des Zellstoffwechsels, der jene Gene aktiviert, die eine wesentliche Rolle bei der Synthese und Einlagerung von Fetten spielen.

Sirt-1 Das am gründlichsten erforschte Sirtuin in seiner Familie und zugleich das wichtigste im Rahmen einer geplanten Gewichtsreduktion. Dieses Gen wird aktiviert, sobald eine Körperzelle oxidativem Stress ausgesetzt ist. Zahlreiche gesundheitliche und Anti-Aging-Effekte stehen damit in Zusammenhang.

Sirtfood Ein Lebensmittel mit einem besonders hohen Gehalt an bestimmten Polyphenolen, durch dessen Verzehr unsere Sirtuine aktiviert werden können.

Sirtuine Eine uralte Enzymgruppe, über die jeder Mensch verfügt; diese werden aktiviert, sobald unsere Zellen Stress ausgesetzt sind. Sirtuine spielen eine zentrale Rolle in den Bereichen Gesundheit, Prävention von Krankheiten und Alterung. Wir Menschen verfügen über sieben verschiedene Sirtuine (Sirt-1 bis Sirt-7), wobei Sirt-1 und Sirt-3 aufgrund ihrer tragenden Rolle im menschlichen Energiehaushalt für uns am wichtigsten sind.

Stammzelle Eine bestimmte Zellform, die alle Typen körperlicher Zellen bilden kann.

Westliche Ernährung Die typische Ernährung, wie sie in Ländern mit hoher Industrialisierung und modernen Essgewohnheiten üblich ist und im Großen und Ganzen der genaue Gegensatz zu der Ernährung in den Blauen Zonen (siehe Blaue Zonen, weiter oben). Die westliche Ernährung ist gekennzeichnet durch einen hohen Anteil verarbeiteter und raffinierter Lebensmittel sowie einen eklatanten Mangel an nährstoffreicher, pflanzlicher Nahrung, insbesondere Sirtfoods.

Xenohormese Ein biologisches Phänomen, demzufolge sich Menschen die Stressreaktionen von Pflanzen zunutze machen können. Durch den Verzehr dieser Pflanzen erfährt man eine Fülle vorteilhafter Auswirkungen. Grund sind die von ihnen produzierten Polyphenole.

Rezeptregister

Sachregister

Danksagung

Wir möchten uns ganz herzlich bei all jenen bedanken, die stets bereitwillig unsere Rezepte ausprobiert haben – für ihre kulinarischen Anstrengungen, ihre zuverlässigen Geschmacksknospen und das unbezahlbare Feedback. Vielen Dank auch an das KX Fitnesscenter, das weiterhin wegweisend für hochwertige Ernährung in Großbritannien ist und allen vor Augen führt, dass gesundes Essen und exzellenter Geschmack einander nicht ausschließen.

Aidan richtet ein Riesen-Dankeschön an Carmel, Catherine, Colin, Elaine, Karen und Linda sowie einen ganz speziellen Dank an Emily, James und Rachel, die stets ein besonderes Augenmerk auf die geschmacklichen Vorlieben der Kinder hatten.

Glens außerordentlicher Dank gebührt Louise, Betty, Adam, Matt und Ruth, nebst Rachel und ihren Freunden, die unsere Rezepte getestet haben; keinesfalls unerwähnt bleiben darf an dieser Stelle das stets enthusiastische und zugleich schonungslos ehrliche Kindertestpaar, Olly und Obie.

Unsere Leseempfehlung

320 Seiten
Auch als E-Book
erhältlich

In Sachen Wunschgewicht gelten Abnehmen und Genießen oft als Gegensätze. Ganz anders bei der Sirtuin-Diät! Durch ausgeklügelte Gerichte mit leckeren Zutaten wie Grünkohl, Sellerie, Rucola und Walnüssen werden Fettverbrennungsenzyme in unserem Körper angeregt: die Sirtuine. Mit einem intensiven 7-Tage-Programm und einem nachhaltigen Ernährungsplan wird Ihre Traumfigur schnell und leicht Realität. Sängerin und Weltstar Adele hat es mit der Sirtuin-Diät geschafft – probieren auch Sie es aus!

www.goldmann-verlag.de
www.facebook.com/goldmannverlag

 GOLDMANN
Lesen erleben

Um die ganze Welt des
GOLDMANN Verlages
kennenzulernen, besuchen Sie uns doch
im Internet unter:

www.goldmann-verlag.de

Dort können Sie
nach weiteren interessanten Büchern *stöbern*,
Näheres über unsere *Autoren* erfahren,
in *Leseproben* blättern, alle *Termine* zu Lesungen und
Events finden und den *Newsletter* mit interessanten
Neuigkeiten, Gewinnspielen etc. abonnieren.

Ein *Gesamtverzeichnis* aller Goldmann Bücher finden
Sie dort ebenfalls.

Sehen Sie sich auch unsere *Videos* auf YouTube an und
werden Sie ein *Facebook*-Fan des Goldmann Verlags!

www.goldmann-verlag.de
www.facebook.com/goldmannverlag

 GOLDMANN
Lesen erleben